westermann

Hans Jecht, Hesret Cango, Jona Kemmerer, Marcel Kunze, Peter Limpke, Rainer Tegeler

Wirtschaftslehre für Fachoberschulen in Hessen

Arbeitsheft 1

1. Auflage

Bestellnummer 32410

Die in diesem Produkt gemachten Angaben zu Unternehmen (Namen, Internet- und E-Mail-Adressen, Handelsregistereintragungen, Bankverbindungen, Steuer-, Telefon- und Faxnummern und alle weiteren Angaben) sind i. d. R. fiktiv, d. h., sie stehen in keinem Zusammenhang mit einem real existierenden Unternehmen in der dargestellten oder einer ähnlichen Form. Dies gilt auch für alle Kunden, Lieferanten und sonstigen Geschäftspartner der Unternehmen wie z. B. Kreditinstitute, Versicherungsunternehmen und andere Dienstleistungsunternehmen. Ausschließlich zum Zwecke der Authentizität werden die Namen real existierender Unternehmen und z. B. im Fall von Kreditinstituten auch deren IBANs und BICs verwendet.

Zusatzmaterialien zu „Wirtschaftslehre für Fachoberschulen in Hessen. Arbeitsheft 1"

Für Lehrerinnen und Lehrer:

Lösungen zum Arbeitsheft: 978-3-427-32412-6
Lösungen zum Arbeitsheft Download: 978-3-427-32411-9

Bildquellenverzeichnis

Alamy Stock Photo, Abingdon/Oxfordshire: Carlos's Premium Images 117.1.
Druwe & Polastri, Cremlingen/Weddel: 131.1.
fotolia.com, New York: Bardyszewski, Andrzej 38.1; BEAUTYofLIFE 20.1; fotomek 55.1; industrieblick 26.1.
Hild, Claudia, Angelburg: 22.1, 27.1, 52.1, 64.1, 92.1, 92.2.
iStockphoto.com, Calgary: AndreyPopov 106.1; bagotaj 58.1; Irina_Strelnikova 95.1; monkeybusinessimages 116.1.
Jecht, Hans, Hildesheim: 17.1.
PantherMedia GmbH (panthermedia.net), München: Fernández, Antonio Guillen 87.1.
Picture-Alliance GmbH, Frankfurt a. M.: ZB 122.1.
RNK Verlag – eine Marke der Roth GmbH, Lichtentanne: 33.1, 34.1.
Shutterstock.com, New York: Creative Lab 43.1; fizkes 71.1; Lund, Jacob 67.1; moreimages 133.1; Smokovski, Ljupco 9.1.
stock.adobe.com, Dublin: 3D generator 61.1; digitalstock 119.1; Fancellu, Sebastiano 81.1; Jeanette Dietl 96.1; kleberpicui Titel; MQ-Illustrations 35.1; Robert Kneschke 6.1; Schüßler, C. 113.1; Shebeko, Maksim 47.1; studio v-zwoelf 32.1; Vladychenko, Pavel 14.1; zaretskaya 125.1.

© 2024 Westermann Berufliche Bildung GmbH, Ettore-Bugatti-Straße 6-14, 51149 Köln
www.westermann.de

Das Werk und seine Teile sind urheberrechtlich geschützt. Jede Nutzung in anderen als den gesetzlich zugelassenen bzw. vertraglich zugestandenen Fällen bedarf der vorherigen schriftlichen Einwilligung des Verlages. Nähere Informationen zur vertraglich gestatteten Anzahl von Kopien finden Sie auf www.schulbuchkopie.de.

Für Verweise (Links) auf Internet-Adressen gilt folgender Haftungshinweis: Trotz sorgfältiger inhaltlicher Kontrolle wird die Haftung für die Inhalte der externen Seiten ausgeschlossen. Für den Inhalt dieser externen Seiten sind ausschließlich deren Betreiber verantwortlich. Sollten Sie daher auf kostenpflichtige, illegale oder anstößige Inhalte treffen, so bedauern wir dies ausdrücklich und bitten Sie, uns umgehend per E-Mail davon in Kenntnis zu setzen, damit beim Nachdruck der Verweis gelöscht wird.

> **Die Seiten dieses Arbeitshefts bestehen zu 100 % aus Altpapier.**
>
> Damit tragen wir dazu bei, dass Wald geschützt wird, Ressourcen geschont werden und der Einsatz von Chemikalien reduziert wird. Die Produktion eines Klassensatzes unserer Arbeitshefte aus reinem Altpapier spart durchschnittlich 12 Kilogramm Holz und 178 Liter Wasser, sie vermeidet 7 Kilogramm Abfall und reduziert den Ausstoß von Kohlendioxid im Vergleich zu einem Klassensatz aus Frischfaserpapier. Unser Recyclingpapier ist nach den Richtlinien des Blauen Engels zertifiziert.

Druck und Bindung: Westermann Druck GmbH, Georg-Westermann-Allee 66, 38104 Braunschweig

ISBN 978-3-427-**32410**-2

INHALTSVERZEICHNIS

1 Rechtliche Grundlagen wirtschaftlichen Handelns

1.1	Wir erkunden unseren Praktikumsbetrieb	6
1.2	Wir machen unser Praktikum in Betrieben mit unterschiedlichen Rechtsformen	9
1.3	Wir schließen Rechtsgeschäfte ab	14
1.4	Wir beachten die Nichtigkeit und Anfechtbarkeit von Willenserklärungen	15
1.5	Wir unterscheiden Rechtsfähigkeit und Geschäftsfähigkeit	16
1.6	Wir erkennen verschiedene Mängelarten im Geschäftsverkehr (Schlechtleistung)	17
1.7	Wir informieren uns über die gesetzlichen Käuferrechte bei nicht rechtzeitiger Lieferung	20
1.8	Wir informieren uns über die gesetzlichen Verkäuferrechte beim Annahmeverzug	26
1.9	Wir prüfen den Zahlungsverzug und mahnen Kunden außergerichtlich	27
1.10	Wir wenden das gerichtliche Mahnverfahren an, um die Liquidität zu sichern	31
1.11	Wir beachten Verjährungsfristen	38

2 Wirtschaftliche Grundtatbestände

2.1	Wir erkennen die Bedürfnisse eines Marktes nach Gütern und Dienstleistungen	43
2.2	Wir unterscheiden betriebliche und volkswirtschaftliche Produktionsfaktoren unter Beachtung ökonomischer Prinzipien	47
2.3	Wir erkennen den Wirtschaftskreislauf als ein Modell der Volkswirtschaft	50
2.4	Wir erschließen die Stellung unseres Unternehmens in der arbeitsteiligen Wirtschaft	55
2.5	Wir erkennen betriebsexterne Einflussgrößen auf die Preisgestaltung	59
2.6	Wir lernen die Organisation des Praktikumsbetriebs nachzuvollziehen	67

3 Erfassen von Geschäftsprozessen I

3.1	Wir lernen die Aufgaben und Vorschriften der Buchführung kennen	71
3.2	Wir ermitteln die Vermögenswerte und Schulden durch Bestandsaufnahme	76
3.3	Wir stellen auf der Grundlage des Inventars die Bilanz auf	81
3.4	Wir erfahren, wie sich die Bilanz verändern kann	85
3.5	Wir lösen die Bilanz in aktive und passive Bestandskonten auf	87
3.6	Wir lernen den Buchungssatz kennen	91
3.7	Wir lernen das Eröffnungsbilanzkonto und das Schlussbilanzkonto kennen	96
3.8	Wir buchen Aufwendungen und Erträge auf Erfolgskonten	101

4 Lern- und Arbeitsmethoden

4.1	Wir erkennen, dass Beschäftigte umfassende Handlungskompetenzen benötigen	107
4.2	Wir reagieren auf bestimmte berufliche Situationen mit sozialer Kompetenz	113

5 Arbeiten mit ökonomischen Quellen und der Wirtschaftspresse

5.1	Wir verwenden journalistische Wirtschaftsnachrichten als wichtige Informationsquellen	117
5.2	Wir nutzen Wirtschaftsdaten in reiner Form	119
5.3	Wir besorgen uns Wirtschaftsinformationen aus Bibliotheken und dem Internet	122
5.4	Wir werten Wirtschaftsinformationen kritisch aus	123
5.5	Wir gehen professionell mit Wirtschaftstexten um	125

6 Kaufmännisches Rechnen und Statistik

6.1	Wir verwenden den Dreisatz	127
6.2	Wir nutzen die Verteilungsrechnung und die Visualisierung von Daten	128
6.3	Wir rechnen mit der Durchschnittsrechnung (Mittelwerte und Verhältniszahlen)	131
6.4	Wir wenden die Prozentrechnung an	132
6.5	Wir berechnen Zinsen	133
6.6	Wir kalkulieren Preise	134

Vorwort

Der Unterricht in der Fachoberschule soll die Schülerinnen und Schüler später einerseits zur eventuellen Mitgestaltung ihrer Berufs- und Arbeitswelt befähigen, andererseits sie gegebenenfalls bei der Aufnahme eines Studiums unterstützen.

Um diesem Anspruch gerecht zu werden, muss im schulischen Handeln von beruflichen Handlungssituationen ausgegangen werden. Dies sind relevante berufstypische Aufgabenstellungen und Handlungsabläufe, die die Schülerinnen und Schüler in ihrem späteren Berufsleben antreffen werden.

Im Unterricht wird daher die Arbeit mit entsprechend strukturierten Lernsituationen erforderlich. Sie konkretisieren die Lernfelder in Form komplexer Lehr-/Lernarrangements. Dies geschieht durch didaktische Reflexion von beruflichen Handlungssituationen.

Im vorliegenden Arbeitsheft wurden Lernsituationen für das erste Jahr der FOS Wirtschaft konzipiert, die auf die Durchführung eines handlungsorientierten Unterrichts ausgerichtet sind. Für den optimalen Einsatz dieses Werkes wird das gleichnamige Lehrbuch empfohlen.

Als Ausgangspunkt haben wir Handlungssituationen konzipiert, die für eine spätere Berufsausübung in der Wirtschaft bedeutsam sind. Daraus ergeben sich Handlungen, die gedanklich nachvollzogen oder möglichst selbst ausgeführt werden müssen (Lernen durch Handeln). Der Unterrichtsverlauf und die Lerninhalte sind an die Struktur der jeweiligen Handlungssituation angelehnt. Die Schülerinnen und Schüler sollen zunächst ihr weiteres Vorgehen bei der Bearbeitung selbstständig planen, bevor sie die erforderlichen Handlungen aufgrund der eigenen Planung ebenfalls in eigener Verantwortung durchführen und kontrollieren – soweit dies aufgrund der jeweiligen Klassensituation möglich ist.

Bei der Konzipierung der Lernsituationen wurde Wert darauf gelegt, dass darin eine Problemstellung (Handlungssituation) enthalten ist, die einen klaren Bezug zu einer oder mehreren typischen beruflichen Handlungssituation(en) aufweist. Wir haben darauf geachtet, dass die Handlungsaufgaben, die zur Problemlösung bearbeitet werden sollen, eine ausreichend hohe, aber nicht überfordernde Komplexität aufweisen. Im Rahmen der ersten Handlungsaufgabe jeder Lernsituation erfolgt zunächst eine Reflexion und Erarbeitung der Problemstellung und die Planung des weiteren Vorgehens zum Lösen der aufgeworfenen Probleme. Diese erste Handlungsaufgabe sollte daher im Klassenverband gemeinsam bearbeitet werden.

Zur Problemlösung müssen mithilfe des Lehrbuchs zunächst theoretische Lerninhalte erarbeitet werden. Die darauf aufbauende Problemlösung führt zu einem Handlungsprodukt. Dies ist das geistige oder materielle Ergebnis des Unterrichts. Daran kann der Erfolg des individuellen Lösungsweges gemessen werden. Es kann Folgendes kontrolliert werden:
- Ist die anfängliche Problemstellung erfolgreich gelöst worden?
- Welche Fehler (z. B. Informationsdefizite) waren die Ursachen für ein unzureichendes Handlungsprodukt?

Nach Durcharbeitung der Lernsituationen sollte Zeit eingeplant werden für Übungs-, Anwendungs- und Transferphasen, in denen das neu erworbene Wissen reorganisiert und gesichert werden kann. Im Rahmen der Vertiefungs- und Anwendungsaufgaben zu vielen Handlungssituationen haben wir derartige Übungs- und Wiederholungsaufgaben konzipiert.

Darüber hinaus werden in den Vertiefungs- und Anwendungsaufgaben auch Inhalte bearbeitet, die aufgrund der Wahrung des Handlungsstrangs der Lernsituation nicht im Rahmen der Handlungsaufgaben bearbeitet werden konnten. Ferner steht auch im Lehrbuch eine Vielzahl von Aufgaben (zum Wiederholen und Üben, zur Anwendung und zum Transfer) zur Verfügung.

Für Verbesserungsvorschläge und Anregungen sind Verlag und Autoren stets dankbar.

1 Rechtliche Grundlagen wirtschaftlichen Handelns

1.1 Wir erkunden unseren Praktikumsbetrieb

Handlungssituation

Es ist der erste Tag des Praktikums. Morgens treffen sich die neuen Praktikantinnen und Praktikanten vor dem Schulungsraum.

Dominik Schlote: „Morgen! Ich bin der Dominik."

Carolin Saager: „Hallo! Ich bin Carolin!"

Volkan Karaca: „Hallo zusammen! Und ich bin Volkan!"

Katarzyna Popov: „... und ich heiße Katarzyna. Sag mal, Dominik, warst du nicht auch auf der Freiherr-von-Stein-Schule vorher?"

Dominik Schlote: „Ja, ich war zuletzt in der 10c. Dann kenn' ich ja jetzt wenigstens schon einmal wen. Ansonsten ist hier alles ziemlich neu, groß und unübersichtlich. Ich muss mich erst mal orientieren."

Handlungsaufgaben

1. Erläutern Sie, vor welcher Situation die neuen Praktikantinnen und Praktikanten bei der Hoffmann KG stehen.
2. Geben Sie an, welches Ziel die Hoffmann KG verfolgen sollte, damit das Problem gelöst werden kann.
3. Zählen Sie auf, wo die Praktikantinnen und Praktikanten Informationen zur schnellen Orientierung im Unternehmen gewinnen können.
4. Erkunden Sie das Modellunternehmen Hoffmann KG und ergänzen Sie die fehlenden Angaben in der Mindmap.

1.1 WIR ERKUNDEN UNSEREN PRAKTIKUMSBETRIEB

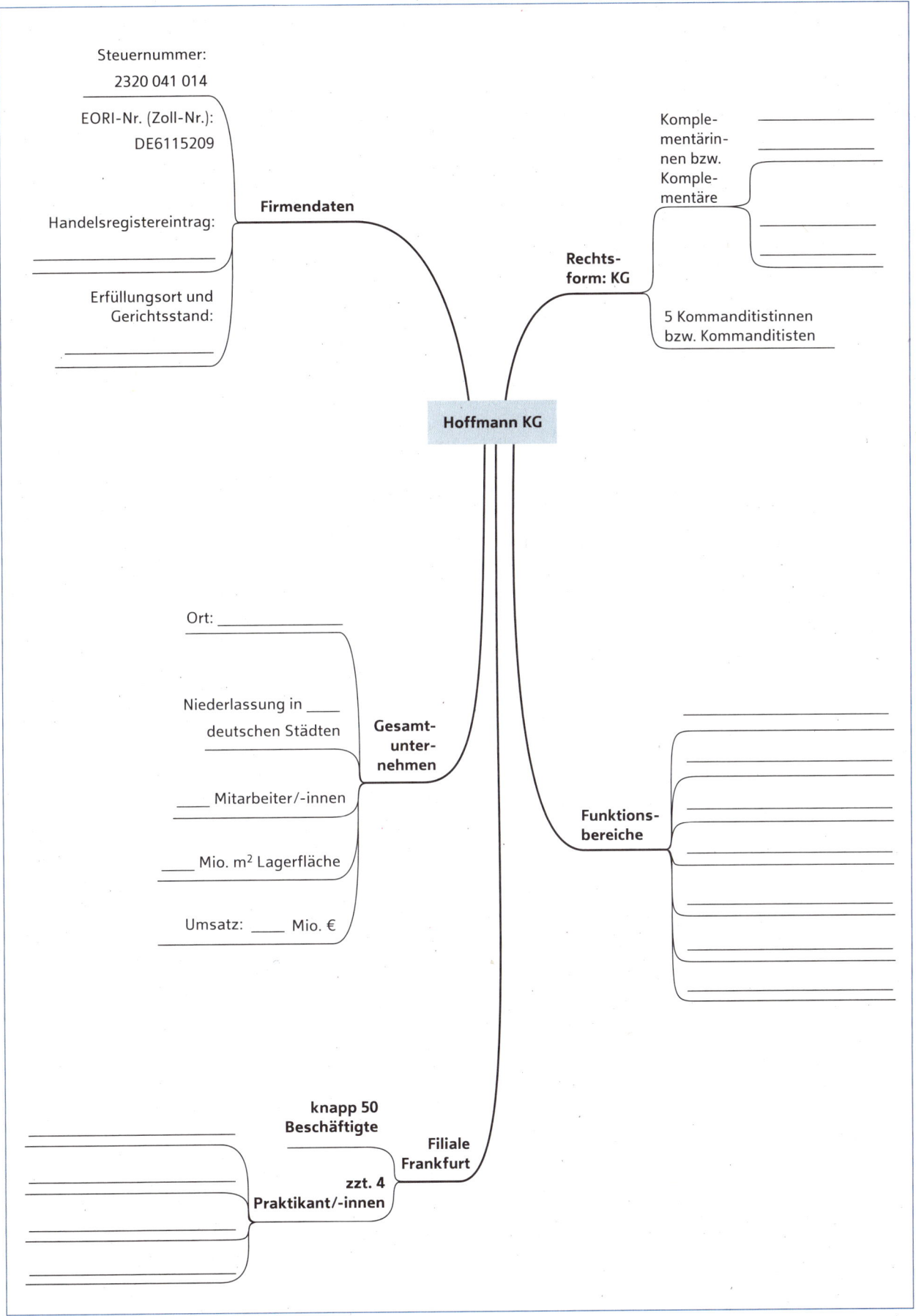

1 RECHTLICHE GRUNDLAGEN WIRTSCHAFTLICHEN HANDELNS

5. Um z. B. Geschäftspartnern einen Überblick über Ihr Praktikumsunternehmen geben zu können, benötigen Sie wichtige Informationen über Ihren Betrieb, die in einem sogenannten Unternehmensprofil zusammengefasst werden.
Erstellen Sie ein Unternehmensprofil Ihres Praktikumsbetriebs, indem Sie die folgenden Informationen sammeln.

Unternehmensprofil für meinen Praktikumsbetrieb ...	
a) Branche:	
b) Produkte und Leistungen:	
c) Rechtsform:	
d) Standort(e):	
e) Anzahl der Mitarbeiterinnen und Mitarbeiter:	
f) Anzahl der Auszubildenden:	
g) Anzahl der Lieferanten:	
h) Anzahl der Kunden:	
i) Jahresumsatz:	
j) Besonderheiten:	

1.2 Wir machen unser Praktikum in Betrieben mit unterschiedlichen Rechtsformen

Handlungssituation

Hans Reimers ist Abteilungsleiter der Rostocker Filiale der Hoffmann KG. Er ist 34 Jahre alt und seit 14 Jahren bei der Hoffmann KG tätig. Nach einer kaufmännischen Ausbildung hat er sich noch weitergebildet zum Fachwirt. Zudem hat er jede angebotene innerbetriebliche Weiterbildungsmaßnahme der Hoffmann KG besucht. In seiner Freizeit tummelt er sich in der Rostocker Gothic-Szene.

Momentan ist er elektrisiert: In der Rostocker Zeitung stand heute Morgen eine Anzeige. Eine Rostocker Firma bietet Interessentinnen und Interessenten Lager- und Geschäftsräume unterschiedlicher Größe zu sehr günstigen Konditionen an. Da Hans Reimers sich schon lange mit dem Gedanken beschäftigt, sich selbstständig zu machen, sieht er hier die Chance, seinen Traum zu verwirklichen.

Dies möchte er zusammen mit seiner Freundin machen. Claudia Gruß ist 28 Jahre alt und arbeitete bis vor Kurzem als Schneiderin, bis ihr Arbeitgeber Insolvenz anmelden musste. Ihr Hobby ist Hip-Hop. Kürzlich hat sie eine Erbschaft in Höhe von 35.000,00 € gemacht. Hans Reimers hat 10.000,00 € an Ersparnissen.

Hans Reimers und Claudia Gruß haben entdeckt, dass es im Umkreis von mehr als 200 Kilometern um Rostock kein Unternehmen gibt, das Bekleidung für unterschiedliche Szenen anbietet. Ihnen schwebt ein Großhandelsgeschäft vor, das u. a. Kleidung für die

- Gothic-,
- Metal-,
- Punk-,
- Skater-,
- Hip-Hop-Szene usw.

anbietet. Großgeschrieben werden soll auch der Service (Änderungen und Maßanfertigungen können von Claudia Gruß übernommen werden).

Hans Reimers und Claudia Gruß haben sich schon mit mehreren potenziellen Lieferanten in Verbindung gesetzt. Alle bieten Lieferantenkredite zu relativ günstigen Konditionen an. Einige sind auch bereit, Waren auf Kommissionsbasis zu liefern.

Handlungsaufgaben

1. Wer ein Unternehmen gründen will, sollte bestimmte Voraussetzungen erfüllen.
   Führen Sie fünf persönliche und zwei sachliche Voraussetzungen auf, über die Gründer und Gründerinnen eines Unternehmens verfügen sollten.
   Überprüfen Sie, ob diese bei Hans Reimers und Claudia Gruß gegeben sind.

Persönliche Voraussetzung	Gegeben bei Hans Reimers und Claudia Gruß?

1 RECHTLICHE GRUNDLAGEN WIRTSCHAFTLICHEN HANDELNS

Persönliche Voraussetzung	Gegeben bei Hans Reimers und Claudia Gruß?

Sachliche Voraussetzungen	Gegeben bei Hans Reimers und Claudia Gruß?

2. Sollten die persönlichen und sachlichen Voraussetzungen bei Hans Reimers und Claudia Gruß gegeben sein, können sie sich entscheiden, ein Unternehmen zu gründen. Geben Sie an, wem die Gründung aus welchen Gründen gemeldet werden muss.

Angemeldet werden muss die Gründung bei	Grund
	achtet auf die Einhaltung verschiedener arbeitsrechtlicher wie umweltschutzrechtlicher Bestimmungen sowie die Beachtung der Gewerbeordnung
	hilft u. a. bei der Verhütung von Arbeitsunfällen und Berufskrankheiten
	bietet u. a. Beratungs- und Informationsservice für Unternehmen an
	erhebt für den Staat Steuern für das Unternehmen und zieht diese ein
	informiert die Öffentlichkeit und die Geschäftspartner verlässlich über die Rechtsverhältnisse von Unternehmen

3. Hans Reimers und Claudia Gruß müssen nun noch die Rechtsform des neu zu gründenden Unternehmens festlegen: Abhängig von der unternehmerischen Zielsetzung kann das Unternehmen rechtlich unterschiedlich gestaltet werden. Hans Reimers und Claudia Gruß legen Wert darauf, dass sie, falls ihr Unternehmen im Falle einer Insolvenz nicht mehr zahlungsfähig ist, nicht haftbar gemacht werden können.
Die beiden untersuchen sechs Rechtsformen darauf, ob diese jeweils für ihr neu zu gründendes Unternehmen geeignet sind.

1.2 WIR MACHEN UNSER PRAKTIKUM IN BETRIEBEN MIT UNTERSCHIEDLICHEN RECHTSFORMEN

a) Halten Sie für jede der Rechtsformen die entscheidenden Merkmale fest.
b) Stellen Sie fest, wie die jeweilige Firma beispielhaft lauten könnte. Führen Sie die Regeln für die Firmierung bei der jeweiligen Rechtsform auf.
c) Geben Sie das Register an (bzw. die entsprechende Abteilung), in das (die) das neu zu gründende Unternehmen einzutragen ist.
d) Beurteilen Sie, ob die jeweilige Rechtsform für Hans Reimers und Claudia Gruß infrage kommt.

	Einzelunternehmung	Offene Handelsgesellschaft	Kommanditgesellschaft	Gesellschaft mit beschränkter Haftung	Aktiengesellschaft
Mindestgründerzahl					
Mindestkapital					
Haftung					
Geschäftsführung und Vertretung					
Gewinnverteilung					
Firma					
Handelsregistereintrag					
Beurteilung					

1 RECHTLICHE GRUNDLAGEN WIRTSCHAFTLICHEN HANDELNS

Vertiefungs- und Anwendungsaufgaben

1. Die beiden langjährigen Freunde Philip Bürger und Boris Kusmin wollen eine Gesellschaft gründen. Zur Gründung bringt jeder von ihnen 25.000,00 € Barkapital auf. Das Unternehmen soll sich mit dem Import und Export von Textilien befassen. Philip Bürger macht jedoch zur Bedingung, dass er nicht persönlich haften will, und außerdem erlaubt seine Zeit keine Beteiligung an der Geschäftsführung. Boris Kusmin, der persönlich haften will, schlägt seinem Freund eine Rechtsform vor und weist noch darauf hin, dass auch eine Teilhaberschaft an einer dann von ihm allein zu gründenden Unternehmung möglich ist.
   a) Benennen Sie, welche beiden Unternehmensformen Boris Kusmin seinem Freund vorschlägt.
   b) Entscheiden Sie, zu welcher Gruppe diese Gesellschaften gehören.
   c) Erläutern Sie kurz die wesentlichen Merkmale der beiden Unternehmensformen und zeigen Sie die Unterschiede auf.
   d) Bei einer stillen Gesellschaft geht das Beteiligungsverhältnis nach außen nicht hervor. Nennen Sie die Rechte und eventuelle Pflichten, die Philip Bürger in beiden Unternehmensformen hat.

2. In dem Gesellschaftsvertrag einer KG ist festgelegt, dass der Restgewinn zu 60 % an die Komplementärin bzw. den Komplementär und zu je 10 % an die vier Kommandistinnen bzw. Kommandisten fallen soll. Der Jahresgewinn beträgt 160.000,00 €.
   Verteilen Sie den Gewinn.

Gesellschafter/-innen	Kapitaleinlage			
Jones (Komplementär)	240.000,00 €			
Spisla (Kommanditistin)	120.000,00 €			
Lehmann (Kommanditist)	40.000,00 €			
Friedrich (Kommanditist)	20.000,00 €			
Kim (Kommanditistin)	80.000,00 €			
				160.000,00 €

3. Frau Kasakow tritt als als neue Komplementärin in die KG ein. Herr Jones erläutert ihr: „Komplementäre und Komplementärinnen haften unbeschränkt, unmittelbar und solidarisch."
   Erläutern Sie diese drei Begriffe.

Begriff	Erläuterung
unbeschränkte Haftung	
unmittelbare Haftung	
solidarische Haftung	

4. Dominik Schlote erwägt, sich später mal selbstständig zu machen. Er überlegt die Gründung eines Fachgeschäfts für Computerspiele. Vor diesem Hintergrund liest er sehr interessiert den folgenden Artikel:

Ein Unternehmen starten – warum nicht eine GmbH?

Die GmbH gehört zu den Kapitalgesellschaften. Sie ist für Gründerinnen und Gründer geeignet, die ihre Haftung beschränken möchten.

Gründung

Die GmbH wird von mindestens einem Gesellschafter gegründet. Für die „Ein-Personen-GmbH" gelten dieselben Bestimmungen wie für eine „normale" GmbH. Der Gesellschaftsvertrag muss notariell beurkundet werden. [...] Das beurkundungspflichtige Musterprotokoll fasst drei Dokumente (Gesellschaftsvertrag, Geschäftsführerbestellung und Gesellschafterliste) in einem zusammen.

Das **Mindeststammkapital**, das Sie in die Gründung einbringen müssen, beträgt 25.000 Euro, wovon aber nur die Hälfte sofort einbezahlt werden muss. Auch eine Sachgründung, also die Einbringung einer Maschine, eines Kfz usw., ist möglich. Hinzu kommen die Kosten für den Notar, der Eintrag im **Handelsregister** und die Bekanntmachung. Jeder Geschäftsanteil muss auf einen Betrag von mindestens 1 Euro lauten.

Geschäftsführung

Die GmbH ist eine juristische Person. Das heißt, die Gesellschaft selbst und nicht ihre Gesellschafter tritt als **Kaufmann** im Geschäftsverkehr auf. Die GmbH schließt also zum Beispiel Verträge ab, besitzt Vermögen und muss Steuern zahlen. Um dies und alle weiteren geschäftlichen Angelegenheiten zu erledigen, braucht sie einen **Geschäftsführer**, der bei ihr angestellt ist. Die Geschäftsführung kann entweder der Gründer selbst übernehmen oder ein von ihm eingesetzter Geschäftsführer. Geschäftsführer kann nur eine natürliche und unbeschränkt geschäftsfähige Person sein. Nicht als Geschäftsführer bestellt werden können für die Dauer von fünf Jahren Personen, die wegen einer vorsätzlichen Straftat der Insolvenzverschleppung, eines Bankrottdeliktes, falscher Angaben, unrichtiger Darstellung oder aufgrund allgemeiner Straftatbestände mit Unternehmensbezug, insbesondere Betrug und Untreue, verurteilt wurden.

Haftung

Gegenüber Gläubigern haftet die GmbH – in der Regel – nur mit ihrem Gesellschaftsvermögen. Verletzt der Geschäftsführer die **„Sorgfalt eines ordentlichen Geschäftsmanns"** § 347 HGB, ist er der Gesellschaft zum Ersatz des entstanden Schadens verpflichtet. In diesem Fall haftet er der Gesellschaft gegenüber mit seinem persönlichen Vermögen. Die Gesellschafter selbst haften nicht mit ihrem privaten Vermögen, allerdings gibt es auch hier Ausnahmen. Beispiele: Sie haften zusätzlich mit ihrem Privatvermögen bei persönlichen Krediten oder Bürgschaften. Sie haften auch persönlich bei Verstößen gegen die strengen Regeln über das GmbH-Kapital sowie bei der sogenannten Durchgriffshaftung (z. B. bei bestimmten Schadenersatzansprüchen). Insbesondere als zukünftiger Geschäftsführer einer GmbH sollten Sie die damit verbundenen **Haftungsrisiken** kennen.

[...]

Bezeichnung der GmbH

Die Firma ist der Name der GmbH. Mit diesem Namen ist sie im Handelsregister eingetragen und tritt im Geschäftsverkehr auf. Bei dem Namen kann es sich sowohl um eine Fantasiebezeichnung wie „Plus-Minus-GmbH", um eine Sachbezeichnung wie „Obst- und Gemüsehandel GmbH", den Namen des Gesellschafters oder eine Kombination aus allem handeln. Eine geografische Bezeichnung ist möglich, wenn die Tätigkeit des Unternehmens tatsächlich einen Bezug zu der genannten Region hat. Der Name muss immer den Zusatz „Gesellschaft mit beschränkter Haftung" oder „GmbH" enthalten. Um Verwechslungen mit anderen Firmen zu vermeiden, sollten Sie vorab mit der Industrie- und Handelskammer oder Handwerkskammer vor Ort sprechen.

Eintrag im Handelsregister

Der Gesellschaftsvertrag oder das Musterprotokoll muss notariell beurkundet werden. Der Notar leitet den Vertrag an das **Handelsregister** weiter. Spätestens zum Zeitpunkt der Eintragung der GmbH ins Handelsregister muss der Gründer das Stammkapital als Einlage geleistet haben. Das Mindeststammkapital einer GmbH beträgt 25.000 Euro.

Die Einlage kann durch Bareinlagen, Sacheinlagen (z. B. Maschinen) oder durch gemischte Einlagen (Bar- und Sacheinlagen) erbracht werden. Sacheinlagen müssen vor der Anmeldung der Gesellschaft geleistet sein. Bei Bareinlagen muss vor Anmeldung mindestens ein Viertel der Summe einbezahlt werden. Zusammen mit einer etwaigen Sacheinlage muss mindestens die Hälfte des Mindeststammkapitals vor der Anmeldung der Gesellschaft erbracht werden, also mindestens 12.500 Euro.

Für die Anmeldung der GmbH beim Handelsregister müssen folgende Unterlagen vorgelegt werden:

- das Musterprotokoll oder
- der Gesellschaftsvertrag,
- die Legitimation der Geschäftsführer, sofern diese nicht bereits im Gesellschaftsvertrag genannt sind,
- eine unterschriebene Liste der Gesellschafter mit Name, Vorname, Geburtsdatum und Wohnort der Gesellschafter sowie der Betrag der übernommenen Stammeinlage jedes Gesellschafters,
- falls Sacheinlagen geleistet worden sind die Verträge, die den Festsetzungen zugrunde liegen oder zu ihrer Ausführung geschlossen worden sind, und der Sachgründungsbericht,
- wenn Sacheinlagen vereinbart sind, Unterlagen darüber, dass der Wert der Sacheinlagen den Betrag der dafür übernommenen Stammeinlagen erreicht.
- In der Anmeldung ist zu versichern, dass die oben genannten Mindestbeträge geleistet und dem Geschäftsführer zur freien Verfügung stehen und dass keine strafrechtlichen Gründe vorliegen, die der Bestellung der Geschäftsführer entgegenstehen (**§ 6 Abs. 2 GmbHG**).

Steuern
Die GmbH muss **Körperschaftsteuer** und **Gewerbesteuer** sowie den Solidaritätszuschlag entrichten. Bei Gewinnausschüttungen an Anteilseigner ist Kapitalertragsteuer fällig.

Buchführungspflicht
Für die GmbH gelten die Bestimmungen des **Handelsgesetzbuches** (HGB). Sie ist zur gesetzlichen **Buchführung** (doppelte Buchführung samt Jahresbilanz) verpflichtet.

[...]

Quelle: Bundesministerium für Wirtschaft und Klimaschutz (BMWK): Gesellschaft mit beschränkter Haftung (GmbH). In: Existenzgründungsportal des BMWK. O.D. https://www.existenzgruender.de/DE/Gruendung-vorbereiten/Rechtsformen/Gesellschaft-mit-beschraenkter-Haftung-GmbH/inhalt.html [12.10.2021].

a) Erläutern Sie kurz die gesetzlichen Bestimmungen der Ein-Personen-GmbH.
b) Geben Sie an, wie eine GmbH bezeichnet werden kann.

1.3 Wir schließen Rechtsgeschäfte ab

Handlungssituation

Eine Freundin von Volkan Karaca benötigt ein Fahrrad, weil sie mit Bekannten eine Fahrradtour machen möchte. Ihr Fahrrad ist momentan allerdings defekt, weshalb sie von Volkan ein Fahrrad geliehen bekommt.

Drei Wochen später hat sie das Fahrrad immer noch nicht zurückgegeben. Volkan ist schon sehr ungeduldig und hat ihr bereits Vertragsbruch vorgeworfen.

Die Freundin ist der Meinung, dass es gar keinen Vertrag gibt, da nichts Schriftliches vereinbart wurde. Wo es keinen Vertrag gibt, kann es auch keinen Vertragsbruch geben.

1.4 WIR BEACHTEN DIE NICHTIGKEIT UND ANFECHTBARKEIT VON WILLENSERKLÄRUNGEN

Außerdem ist sie der Ansicht, dass Volkan ihr das Fahrrad geschenkt habe. Ein Freund von Volkan hatte allerdings mitbekommen, dass bei der Übergabe des Fahrrades von Leihen die Rede war.

Volkan ist verunsichert: „Leihen, Schenken, Kaufen, Tauschen – das soll nichts mit Verträgen zu tun haben?"

Handlungsaufgaben

1. Geben Sie an, vor welchem Problem Volkan steht.
2. Schlagen Sie vor, wie Volkan zur Problemlösung vorgehen sollte.
3. Stellen Sie fest, in welcher Form Willenserklärungen abgegeben werden können.
4. Unterscheiden Sie einseitige und zweiseitige Rechtsgeschäfte.
5. Erklären Sie, wodurch zweiseitige Rechtsgeschäfte zustande kommen.
6. Erläutern Sie den Grundsatz der Vertragsfreiheit für den Abschluss von Rechtsgeschäften.
7. Beurteilen Sie den Fall der Handlungssituation.
8. Entscheiden Sie, in welchen der folgenden Fälle ein Vertrag zustande gekommen ist. Begründen Sie Ihre Antwort.
   a) Ein Reisebüromitarbeiter macht einem Kunden ein Reiseangebot. Der Kunde bucht die Reise zu den angebotenen Bedingungen.
   b) Eine Käuferin bestellt eine Ware per E-Mail, ohne ein Angebot erhalten zu haben. Der Verkäufer liefert die Ware.
   c) Eine Versicherungsagentur beauftragt ein Teppichreinigungsunternehmen mit der Reinigung der Teppichböden der Agenturräume. Das Teppichreinigungsunternehmen schickt eine Auftragsbestätigung.
   d) Jakub Nowak bestellt eine Pizza Salami. Die Pizzabotin liefert eine Pizza Prosciutto.
9. Geben Sie an, um welche Vertragsarten es sich jeweils in den folgenden Fällen handelt.
   a) Ein Autofahrer lässt in einer Kfz-Werkstatt einen Kotflügel seines Wagens ausbeulen.
   b) Ein Bankkunde leiht bei seiner Bank Geld, das er mit Zinsen zurückzahlen muss.
   c) Eine Versicherungskauffrau arbeitet bei einer Versicherungsagentur für ein Monatsgehalt von 3.200,00 €.
   d) Ein Tischler fertigt für eine Kundin einen Einbauschrank an. Das Holz für den Schrank besorgt er selbst.

1.4 Wir beachten die Nichtigkeit und Anfechtbarkeit von Willenserklärungen

Handlungssituationen

- Der Büromöbelhändler Marcel Heinen macht der Hoffmann KG ein schriftliches Angebot für Schreibtischstühle. Beim Schreiben des Angebots macht Herr Heinen einen Tippfehler und schreibt 230,00 € anstatt 320,00 € je Stuhl. Es werden zwei Schreibtischstühle zum Preis von 230,00 € je Stuhl bestellt.
- Herr Hoffmann schließt einen Vertrag über den Kauf eines Wochenendhauses mündlich ab.

Handlungsaufgaben

1. Geben Sie an, was das Problem in beiden Fällen ist.
2. Schlagen Sie vor, wie man zur Problemlösung vorgehen sollte.
3. Nennen Sie Gründe für die Nichtigkeit von Willenserklärungen.
4. Nennen Sie Gründe für die Anfechtung von Willenserklärungen.

1 RECHTLICHE GRUNDLAGEN WIRTSCHAFTLICHEN HANDELNS

5. Geben Sie an, welche Auswirkung die Nichtigkeit einer Willenserklärung für die Gültigkeit eines Rechtsgeschäfts hat.
6. Erläutern Sie, welche Auswirkungen die Anfechtbarkeit einer Willenserklärung für die Gültigkeit eines Rechtsgeschäfts hat.
7. Beurteilen Sie die Fälle der Handlungssituation.
8. Beurteilen Sie folgende Fälle:
   a) Eine Ware, die 195,00 € kostet, wird irrtümlich mit 159,00 € angeboten.
   b) Ein Kunsthändler verkauft die Kopie eines Bildes als Original.
   c) Der sechzehnjährige Luca Schrader kommt stolz mit einem Motorrad nach Hause. Er hat es für 1.250,00 € gekauft. Den Kaufpreis will er in zehn Raten abbezahlen. Seine Mutter ist nicht sehr begeistert und verlangt, dass Luca das Motorrad zurückbringt.
   d) Eine Druckereibesitzerin schließt den Kauf über ein Grundstück mündlich ab.
   e) Ein Einzelhändler verrechnet sich bei der Ermittlung des Verkaufspreises für eine Ware. Irrtümlich berechnet er 28,50 € anstatt 32,60 €.
   f) Der Kaufpreis eines Hauses war doppelt so hoch wie der durch ein späteres Gutachten ermittelte Wert.

1.5 Wir unterscheiden Rechtsfähigkeit und Geschäftsfähigkeit

Handlungssituation

Die 17-jährige Carolin Saager kauft einen Großbildfernseher für 4.000,00 €, ohne dass sie ihren Vater vorher gefragt hat. Der Verkäufer des Fernsehers fragt den Vater später, ob er mit dem Kauf einverstanden ist. Nach dieser Begebenheit trifft Carolin auf ihren Mitpraktikanten Volkan.

Carolin: „Ich bin ja sowas von sauer! Ruft doch glatt der Verkäufer des Elektromarktes meinen Vater an und fragt, ob er damit einverstanden ist, dass ich mir einen Großbildfernseher kaufe. Schließlich bin ich doch erwachsen und verdiene mit einem Nebenjob seit zwei Jahren mein eigenes Geld."

Volkan: „Eben nicht, du bist erst 17 und somit noch nicht volljährig. Der Verkäufer muss das machen."

Carolin: „Wenn ich den Fernseher aber doch selbst bezahle, kann es dem Verkäufer doch egal sein. Er hat etwas verkauft, das Geld ist geflossen, das sollte doch reichen."

Volkan: „Leider bist du mit 17 noch nicht voll geschäftsfähig. Wir sollten einmal einen kurzen Blick in das Gesetz werfen, dann sehen wir genau, wie das geregelt ist."

Etwas später unterhält sich Volkan mit Maja Langner.

Maja Langner: „Ja, mit der Geschäftsfähigkeit ist das so eine Sache: Meine fünf Jahre alte Tochter hat sich 50,00 € aus meinem Portemonnaie genommen und am Kiosk um die Ecke eine große Tüte Eis und mehrere Süßigkeiten gekauft. Das gab Ärger, weil der Kioskbesitzer das Geld nicht zurückgeben wollte."

Handlungsaufgaben

1. Unterscheiden Sie Rechtsfähigkeit und Geschäftsfähigkeit.
2. Geben Sie an, was das Problem in der Handlungssituation ist.
3. Schlagen Sie vor, wie Carolin zur Problemlösung vorgehen sollte.

4. Der 17 Jahre alte Jan Vollmer erhält von seiner Mutter 500,00 € für ein Notebook. Der Händler besteht darauf, dass die Mutter ihm gegenüber erklärt, dass sie mit dem Kauf einverstanden ist. Erläutern Sie, warum der Händler diese Einverständniserklärung verlangt.
5. Die 14-jährige Ella und der 15-jährige Jasper kaufen von ihrem Taschengeld ein gebrauchtes Headset für 20,00 €. Ihre Mutter will den Kaufvertrag rückgängig machen. Der Händler weigert sich. Entscheiden Sie, wer recht hat und begründen Sie Ihre Meinung.
6. Der neun Jahre alte Jonas bekommt von seiner Tante ein Smartphone geschenkt. Seine Eltern verbieten ihm die Annahme des Geschenks. Erläutern Sie, ob die Eltern dazu berechtigt sind und begründen Sie Ihre Meinung.
7. Die 17-jährige Aylin Gökcan schließt mit Einwilligung ihrer Eltern ein Ausbildungsverhältnis zur Versicherungskauffrau bei einer Versicherungsagentur ab. Welches der folgenden Rechtsgeschäfte darf sie nur mit Zustimmung ihrer Eltern abschließen? Begründen Sie Ihre Meinung.
   a) In ihrer Versicherungsagentur verkauft sie eine Hausratversicherung an einen Kunden.
   b) Am Wochenende verkauft sie ihr Fahrrad an eine Freundin.
8. Britta Tosun arbeitet in der Abteilung Unterhaltungselektronik eines Warenhauses. Heute kommen einige Kundinnen und Kunden zu ihr. Erläutern Sie, wie sich Frau Tosun gegenüber dieser Kundschaft verhalten sollte.
   a) Ein 17-jähriger Schüler: Er möchte einen Laserdrucker zum Preis von 534,00 € kaufen.
   b) Ein 6-jähriges Mädchen: Es möchte einen Kopfhörer für 30,00 € als Geburtstagsgeschenk für seine Mutter kaufen.
   c) Eine 12-jährige Schülerin: Sie möchte ein Ladekabel im Wert von 5,60 € kaufen.
   d) Ein ca. 30 Jahre alter Mann: Er möchte ein Fernsehgerät zum Preis von 560,00 € kaufen.
9. Der 17 Jahre alte Piotr Nontschew führt mit Genehmigung des Vormundschaftsgerichts den Betrieb seines verstorbenen Vaters. Erläutern Sie, welche der folgenden Rechtsgeschäfte er ohne Zustimmung seiner gesetzlichen Vertretung abschließen darf. Begründen Sie Ihre Meinung.
   a) Einkauf einer neuen Maschine für den Betrieb
   b) Kauf eines Ferienhauses in Griechenland
   c) Kauf eines Taschenrechners im Wert von 15,00 €
   d) Einstellen einer neuen Mitarbeiterin
10. Lösen Sie den Fall der Ausgangssituation.

1.6 Wir erkennen verschiedene Mängelarten im Geschäftsverkehr (Schlechtleistung)

Handlungssituation

Die mangelhaften Lieferungen, die im Warenwirtschaftssystem festgehalten wurden, werden vom Funktionsbereich Beschaffung weiter bearbeitet. Der Lieferant Hessing GmbH sollte 550 Stück Hosenanzüge (GTIN 4021003131085) und 150 Stück Wellness-Microfaser-Anzüge (GTIN 402100313023) liefern, die leider einige Mängel aufweisen:

GTIN	Menge	Mangel
4021003131085	50	(= 1 Karton) Hosenanzug defekt
4021003131085	50	1 Karton zu wenig geliefert
4021003131023	150	es wurden Jeanswesten geliefert

Die mangelhafte Lieferung ist bereits gerügt worden. Trotzdem hat die Firma Hessing GmbH nicht reagiert.

Volkan, zurzeit im Funktionsbereich Einkauf eingesetzt, soll nun prüfen, welche Rechte die Hoffmann KG gegenüber dem Lieferanten hat und welche Maßnahmen eingeleitet werden sollen.

1 RECHTLICHE GRUNDLAGEN WIRTSCHAFTLICHEN HANDELNS

Handlungsaufgaben

1. Geben Sie an, welche Probleme Volkan lösen muss.
2. Volkan soll zunächst überprüfen, welcher Schaden bereits entstanden sein könnte.
   Nennen Sie drei mögliche Schäden, die der Hoffmann KG aus den oben stehenden Mängeln entstehen können.
3. Volkan ruft den Lieferanten an, um die Firma Hessing GmbH aus Leipzig darauf aufmerksam zu machen, dass das Unternehmen immer noch nicht auf die Mängelrüge reagiert hat. Die Firma Hessing GmbH sagt Volkan am Telefon zu, dass sie sofort alles unternehmen werde, damit die Hoffmann KG zufrieden ist.
   Beschreiben Sie, welche vorrangigen Rechte die Hoffmann KG gegenüber der Firma Hessing GmbH im Moment hat.
4. Nach einigen Tagen ist wieder nichts seitens der Firma Hessing GmbH passiert. Volkan und sein ihn betreuender Sachbearbeiter, Herr Harriefeld, sind sehr verärgert und wollen nun weitere Schritte einleiten.
   a) Geben Sie an, welche nachrangigen Rechte die Hoffmann KG gegenüber der Firma Hessing GmbH nun geltend machen kann. Was würde das in dem konkreten Fall bedeuten?

Nachrangige Rechte	Bedeutung/Konsequenz

   b) Nennen Sie die Voraussetzung dafür, dass die Hoffmann KG nachrangige Rechte gegenüber der Firma Hessing GmbH geltend machen kann.
   c) Führen Sie auf, unter welchen Umständen die Hoffmann KG dies (vgl. b) nicht zu tun bräuchte.
5. Herr Harriefeld fragt Volkan, welches der nachrangigen Rechte im Fall wohl angemessen und für die Hoffmann KG am sinnvollsten wäre.
   Welche nachrangigen Rechte würden Sie im aktuellen Fall empfehlen? Begründen Sie Ihre Entscheidung.

Vertiefungs- und Anwendungsaufgaben

1. Ausbildungsleiterin Frau Schlemmer von der Hoffmann KG erwirbt von einem Computerfachgeschäft den Organizer „Palm Challenger XL" mit dem brandneuen Spracherkennungssystem „Remote-Voice" für 1.030,00 €. Es handelt sich dabei um ein Einzelstück, das der Inhaber des Computergeschäfts, Herr Flies, vor 14 Tagen von einer Geschäftsreise in die USA selbst mitgebracht hat.

1.6 WIR ERKENNEN VERSCHIEDENE MÄNGELARTEN IM GESCHÄFTSVERKEHR (SCHLECHTLEISTUNG)

Einen Tag später stellt Frau Schlemmer bei der ersten Funktionsüberprüfung fest, dass die Spracherkennung nicht funktioniert. Bei der anschließenden Fehlersuche in den Geschäftsräumen des Computerfachgeschäfts wird festgestellt, dass der Mangel auf einen Wackelkontakt des Mikrofons zurückzuführen ist.

Herr Flies verspricht Frau Schlemmer daraufhin, den Schaden durch umgehende Reparatur zu beseitigen, womit sich Frau Schlemmer allerdings nicht zufriedengeben will. Frau Schlemmer will ein neues Gerät, da sie dem Reparaturangebot misstraut und darüber hinaus weitere Folgeschäden (an diesem „Montagsgerät", wie sie meint) befürchtet.

Herr Flies zeigt seinen guten Willen und versucht, aus den USA einen neuen Organizer zu bekommen. Dabei muss er erfahren, dass der Verkaufspreis aufgrund der starken Nachfrage mittlerweile von 1.030,00 € auf 1.190,00 € gestiegen ist. Daraufhin teilt er Frau Schlemmer mit, dass eine Neulieferung nicht möglich sei, da er nicht bereit sei, im vorliegenden Fall einen geschäftlichen Verlust hinzunehmen.

Entscheiden Sie: Kann Frau Schlemmer vom Inhaber des Computerfachgeschäfts einen neuen Organizer verlangen?

2. Die Hoffmann KG bekommt am 01.11.20.. von der Winkler KG 500 Stück Jerseykleider geliefert. Bei der Warenprüfung wird festgestellt, dass 100 Jerseykleider löchrig und daher unverkäuflich sind.
   a) Geben Sie an, welches Recht die Hoffmann KG vorrangig wegen des vorliegenden Sachmangels geltend machen kann.

   > Die Hoffmann KG kann die Kosten, die für die Nachbesserung der fehlerhaften Jerseykleider durch Eigenleistung entstanden sind, und Ersatzlieferung verlangen.
   >
   > Da inzwischen ein anderer Lieferant die Jerseykleider billiger anbietet, kann die Hoffmann KG unverzüglich vom Kaufvertrag zurücktreten.
   >
   > Die Hoffmann KG kann wegen momentaner Unverkäuflichkeit der Jerseykleider unverzüglich die Herabsetzung des Kaufpreises verlangen.
   >
   > Die Hoffmann KG kann weiterhin auf eine rechtzeitige Lieferung bestehen und Schadensersatz fordern.
   >
   > Die Hoffmann KG kann die Nachbesserung der Jerseykleider oder eine Ersatzlieferung verlangen.

   b) Nach wie vielen Jahren verjähren die Gewährleistungsansprüche der Hoffmann KG gegenüber der Winkler KG wegen der am 01.11.20.. fehlerhaft gelieferten Jerseykleider?
3. Erläutern Sie, wann eine Kaufsache als mangelfrei gilt.
4. Geben Sie an, wann eine Kaufsache den objektiven Anforderungen entspricht.
5. Geben Sie an, welche Mangelart vorliegt.
   a) Eigenschaften der Ware sind nach öffentlichen Äußerungen des Verkäufers nicht vorhanden.
   b) Bei diesem Mangel wird eine andere Ware als bestellt geliefert.
   c) Bei diesem Mangel verheimlicht die Verkäuferin/der Verkäufer der Käuferin bzw. dem Käufer einen versteckten Mangel absichtlich.
   d) Beim Übergang der Ware ist für die Käuferin bzw. den Käufer deutlich erkennbar, dass die Ware einen Mangel hat.
   e) Die Ware ist zwar einwandfrei, erfüllt jedoch nicht vertraglich zugesicherte Eigenschaften.
   f) Dieser Mangel liegt vor, wenn die Ware fehlerhaft ist. Die Ware ist ganz oder teilweise beschädigt. Sie entspricht also nicht der vertraglich vereinbarten Beschaffenheit.
   g) Es fehlt eine Montageanleitung oder diese hat Fehler, sodass es zu einer falschen Montage durch die Käuferin/den Käufer kommt.
   h) Dieser Mangel liegt vor, wenn Dritte im Hinblick auf die Ware Rechtsansprüche stellen können, ohne dass dies beim Kauf vereinbart wurde.
   i) Wird etwas unsachgemäß durch den Verkäufer montiert, liegt dieser Mangel vor.
   j) Hier liegt eine nicht vollständige Warenlieferung vor.
   k) Diese Mangelart liegt vor, wenn trotz einer gewissenhaften Überprüfung der Ware der Mangel zunächst nicht erkennbar ist.

1 RECHTLICHE GRUNDLAGEN WIRTSCHAFTLICHEN HANDELNS

1.7 Wir informieren uns über die gesetzlichen Käuferrechte bei nicht rechtzeitiger Lieferung

Handlungssituation

Volkan Karaca führt am Morgen des 12. November ein Gespräch mit dem ihn betreuenden Sachbearbeiter Herrn Herrn Harriefeld in der Abteilung Einkauf:

Volkan: „Guten Morgen, Herr Harriefeld. Gerade habe ich ein Gespräch mit Frau Pryszka aus der Verkaufsabteilung Sportbekleidung geführt. Sie sagte mir, dass mehrere Stammkunden aufgebracht sind, weil die Klima-Aktiv-Jacken nicht am Lager sind."

Herr Harriefeld: „Das ist nicht gut. Haben Sie das schon überprüft?"

Volkan: „Ja, es ist tatsächlich keine Ware am Lager. Die Ware ist bereits beim Lieferanten StaWa AG aus Frankfurt fest für letzte Woche Dienstag, den 5. November bestellt worden."

Herr Harriefeld: „Dann sollten Sie feststellen, weshalb die Ware noch nicht da ist."

Volkan: „Ich werde bei der StaWa AG anrufen."

Herr Harriefeld: „Geben Sie mir bitte Bescheid, was der Lieferant gesagt hat."

Nun telefoniert Volkan mit dem Lieferanten. Danach erstattet er Bericht:

Volkan: „Herr Lörner von der StaWa AG hat gesagt, dass der Auftrag falsch erfasst wurde und der Liefertermin erst in einem Monat geplant war. Aber demnächst müssten die Klima-Aktiv-Jacken geliefert werden."

Herr Harriefeld: „‚Demnächst‘ ist ja nicht sonderlich konkret. Wer weiß, wie lange das noch dauern kann. Wir müssen sicherstellen, dass die Ware so schnell wie möglich angeliefert wird, notfalls von einem anderen Lieferanten."

Volkan: „Die Hessing GmbH aus Leipzig liefert auch dieses Produkt. Aber hier ist die Ware um 7,00 €/Stück teurer als bei der StaWa AG."

Herr Harriefeld: „Dafür gibt es Lösungsmöglichkeiten. Präsentieren Sie mir bitte möglichst bald, wie Sie weiter vorgehen wollen."

Handlungsaufgaben

1. Zählen Sie auf, welche Probleme Volkan lösen muss.
2. Geben Sie an, welche Probleme die Hoffmann KG durch die verspätete Lieferung hat.
3. Volkan soll zunächst einmal prüfen, ob die StaWa AG überhaupt in Lieferungsverzug (Nicht-rechtzeitig-Lieferung) gekommen ist. Die gesetzlichen Grundlagen dazu sind im Bürgerlichen Gesetzbuch (BGB) aufgeführt. Es müssen drei Voraussetzungen erfüllt sein, damit Lieferungsverzug vorliegt.
    a) Entscheiden Sie auf Basis der Gesetzestexte, ob die StaWa AG in Lieferungsverzug gekommen ist. Füllen Sie dazu auch die Lückentexte aus.

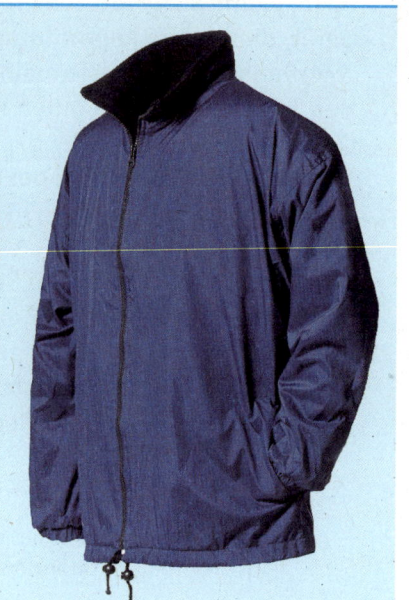

1.7 WIR INFORMIEREN UNS ÜBER DIE GESETZLICHEN KÄUFERRECHTE BEI NICHT RECHTZEITIGER LIEFERUNG

1. Voraussetzung:

§ 433 BGB Vertragstypische Pflichten beim Kaufvertrag (Auszug)

(1) Durch den Kaufvertrag wird der Verkäufer einer Sache verpflichtet, dem Käufer die Sache zu übergeben und das Eigentum an der Sache zu verschaffen. Der Verkäufer hat dem Käufer die Sache frei von Sach- und Rechtsmängeln zu verschaffen.

Daraus folgt:

Durch den _____ müssen die Klima-Aktiv-Jacken

von der Firma StaWa AG an die Hoffmann KG _____ werden.

2. Voraussetzung:

§ 286 BGB Verzug des Schuldners (Auszug)

(1) Leistet der Schuldner auf eine Mahnung des Gläubigers nicht, die nach dem Eintritt der Fälligkeit erfolgt, so kommt er durch die Mahnung in Verzug. [...]
(2) Der Mahnung bedarf es nicht, wenn
  1. für die Leistung eine Zeit nach dem Kalender bestimmt ist, [...]

Daraus folgt:

- Die Firma StaWa AG kommt in _____, wenn die Lieferung fällig ist und die Hoffmann KG eine _____ schickt.

- Die Hoffmann KG muss die _____ nicht verschicken, wenn ein nach dem Kalender bestimmbarer _____ vereinbart wurde.

3. Voraussetzung:

§ 286 BGB Verzug des Schuldners (Auszug)

(4) Der Schuldner kommt nicht in Verzug, solange die Leistung infolge eines Umstandes unterbleibt, den er nicht zu vertreten hat.

§ 276 BGB Verantwortlichkeit des Schuldners (Auszug)

(1) Der Schuldner hat Vorsatz und Fahrlässigkeit zu vertreten, [...]
(2) Fahrlässig handelt, wer die im Verkehr erforderliche Sorgfalt außer Acht lässt.

Daraus folgt:

Die Firma StaWa AG kommt nur dann in _____, wenn sie die Nicht-rechtzeitig-Lieferung

selbst _____ hat (Vorsatz oder Fahrlässigkeit).

1 RECHTLICHE GRUNDLAGEN WIRTSCHAFTLICHEN HANDELNS

b) Nachdem Volkan die Voraussetzungen für den Lieferungsverzug herausgearbeitet hat, sieht er sich noch einmal die Bestellung an die Firma StaWa AG an, um festzustellen, ob sich der Lieferant in Verzug befindet.

Stellen Sie fest, ob die Voraussetzungen des Lieferungsverzugs hier gegeben sind.

4. Volkan hat Herrn Harriefeld informiert, dass die StaWa AG in Verzug ist. Aus Sicht von Herrn Harriefeld ergibt sich daraus folgende Frage:
Wollen wir die Lieferung noch oder wollen wir sie nicht mehr?
Im Laufe des Tages zeichnen sich vier mögliche Entwicklungen ab, die auf den nachfolgenden Seiten jeweils kurz beschrieben sind.
Wie soll sich die Hoffmann KG in den entsprechenden vier Situationen jeweils verhalten?

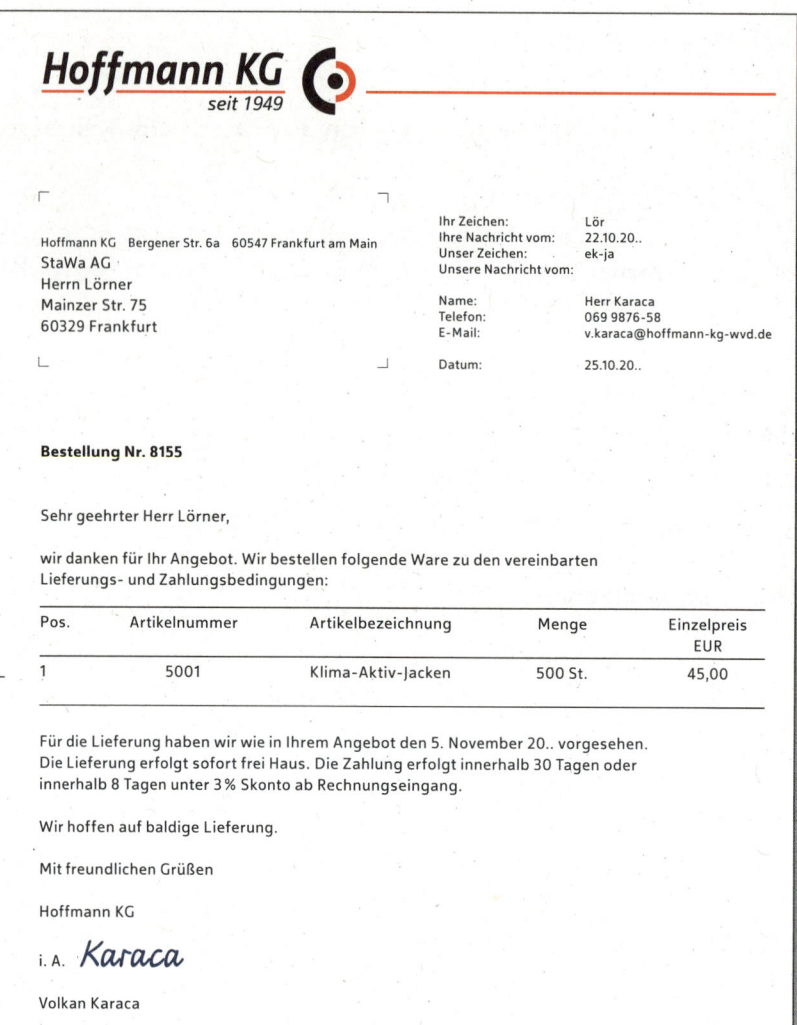

Situation A

Die StaWa AG beliefert die Hoffmann KG schon seit Jahren mit ihren Klima-Aktiv-Jacken. Bisher sind alle Lieferungen pünktlich eingetroffen. Die jetzt fällige Lieferung soll spätestens in drei Tagen eintreffen. Somit können die Stammkunden von der Hoffmann KG sehr kurzfristig ihre Ware bekommen, was diese auch auf telefonischen Rückruf akzeptieren.

> **§ 433 BGB Vertragstypische Pflichten beim Kaufvertrag (Auszug)**
>
> (1) Durch den Kaufvertrag wird der Verkäufer einer Sache verpflichtet, dem Käufer die Sache zu übergeben und das Eigentum an der Sache zu verschaffen. Der Verkäufer hat dem Käufer die Sache frei von Sach- und Rechtsmängeln zu verschaffen.

a) Wie würden Sie sich verhalten?

Situation B

Die Auslieferung der Klima-Aktiv-Jacken wird erst zum Ende der nächsten Woche erfolgen. Auch ein zweiter Lieferant kann nicht früher liefern. Glücklicherweise kann die Hoffmann KG die Klima-Aktiv-Jacken für die Stammkunden von einem befreundeten Geschäftspartner vorübergehend ausleihen. Es entstehen aber zusätzliche Fahrtkosten in Höhe von etwa 150,00 €.

1.7 WIR INFORMIEREN UNS ÜBER DIE GESETZLICHEN KÄUFERRECHTE BEI NICHT RECHTZEITIGER LIEFERUNG

 § 433 BGB Vertragstypische Pflichten beim Kaufvertrag (Auszug)

(1) Durch den Kaufvertrag wird der Verkäufer einer Sache verpflichtet, dem Käufer die Sache zu übergeben und das Eigentum an der Sache zu verschaffen. Der Verkäufer hat dem Käufer die Sache frei von Sach- und Rechtsmängeln zu verschaffen.

 § 280 BGB Schadensersatz wegen Pflichtverletzung (Auszug)

(1) Verletzt der Schuldner eine Pflicht aus dem Schuldverhältnis, so kann der Gläubiger Ersatz des hierdurch entstehenden Schadens verlangen. Dies gilt nicht, wenn der Schuldner die Pflichtverletzung nicht zu vertreten hat.

b) Wie würden Sie sich verhalten?

Situation C

Die StaWa AG hat große Lieferschwierigkeiten. Der Lieferant kann die Klima-Aktiv-Jacken nicht vor Januar liefern. Ein möglicher neuer Lieferant, die Firma Malaysia Import GmbH, bietet zur sofortigen Lieferung vergleichbare Klima-Aktiv-Jacken zum Preis von 40,00 €/Stück (5,00 € günstiger) an.

 § 323 BGB Rücktritt wegen nicht oder nicht vertragsgemäß erbrachter Leistung (Auszug)

(1) Erbringt bei einem gegenseitigen Vertrag der Schuldner eine fällige Leistung nicht oder nicht vertragsgemäß, so kann der Gläubiger, wenn er dem Schuldner eine angemessene Frist zur Leistung oder Nacherfüllung bestimmt hat [und die Frist[1] erfolglos abgelaufen] ist, vom Vertrag zurücktreten.

c) Wie würden Sie sich verhalten?

Situation D

Die StaWa AG hat große Lieferschwierigkeiten. Der Lieferant kann die Klima-Aktiv-Jacken nicht vor Januar liefern. Die Firma Hessing GmbH aus Leipzig bietet vergleichbare Klima-Aktiv-Jacken zur sofortigen Lieferung an. Der Preis beträgt jedoch 52,00 €/Stück (7,00 € teurer).

 § 281 BGB Schadensersatz statt der Leistung wegen nicht oder nicht wie geschuldet erbrachter Leistung (Auszug)

(1) Soweit der Schuldner die fällige Leistung nicht oder nicht wie geschuldet erbringt, kann der Gläubiger unter den Voraussetzungen des § 280 Abs. 1 Schadensersatz statt der Leistung verlangen, wenn er dem Schuldner erfolglos eine angemessene Frist[1] zur Leistung oder Nacherfüllung bestimmt hat [und die Frist erfolglos abgelaufen ist]. [...]

d) Wie würden Sie sich verhalten?

---

[1] Die Nachfristsetzung ist bei Rücktritt oder dem Schadensersatz statt Lieferung immer notwendig, auch wenn der Liefertermin genau bestimmt ist. Die Nachfristsetzung kann direkt mit der Mahnung erfolgen.

1 RECHTLICHE GRUNDLAGEN WIRTSCHAFTLICHEN HANDELNS

Der Lieferungsverzug (Nicht-rechtzeitig-Lieferung)

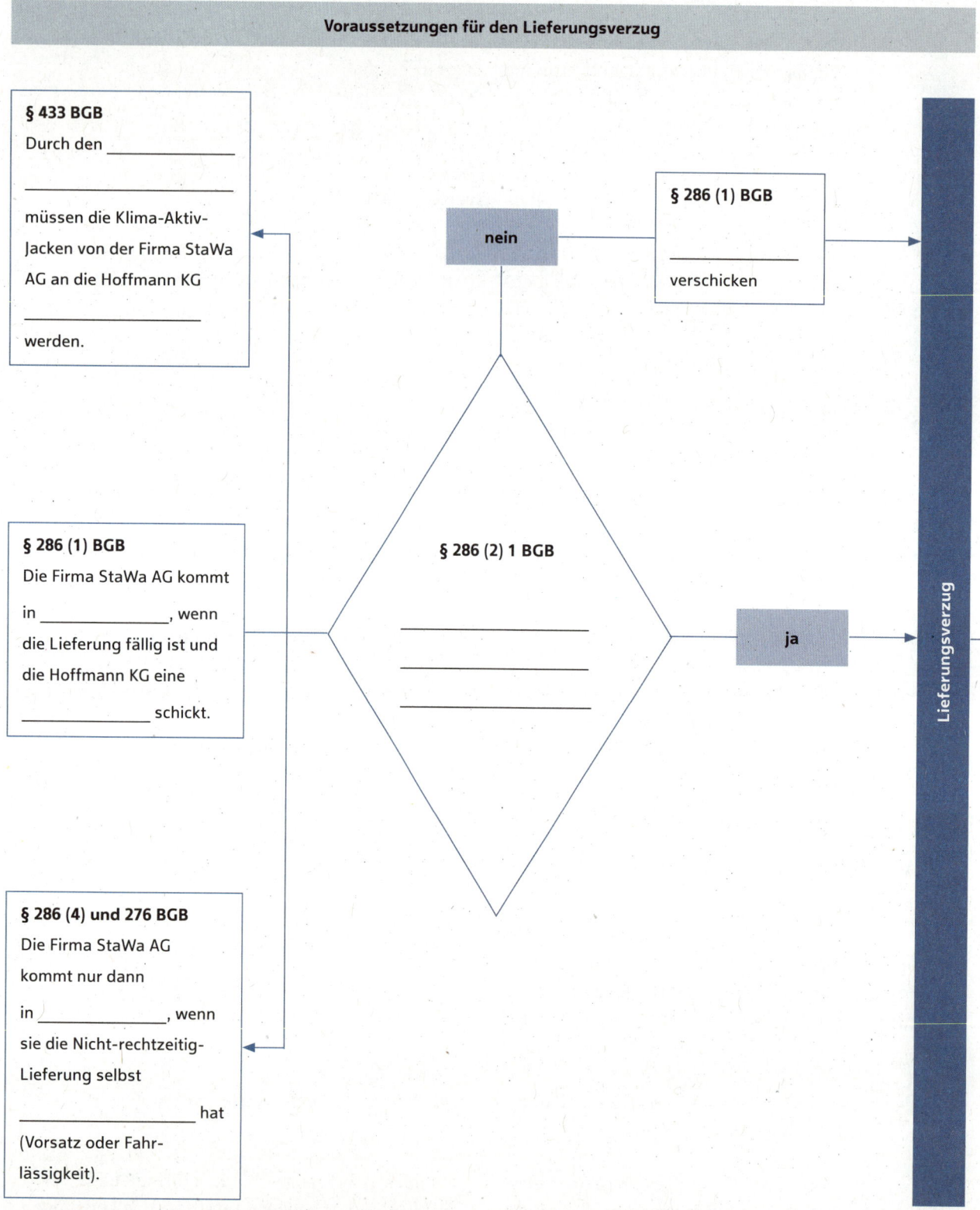

5. Volkan will nun seine gesamten gewonnenen Erkenntnisse für Herrn Harriefeld aufbereiten. Daher erstellt er eine Übersicht, die alle Voraussetzungen für den Lieferungsverzug und die daraus resultierenden Rechte des Käufers enthalten soll.
Erstellen Sie eine Übersicht zum Lieferungsverzug (Nicht-rechtzeitig-Lieferung) unter Berücksichtigung folgender Aufgabenstellungen:

1.7 WIR INFORMIEREN UNS ÜBER DIE GESETZLICHEN KÄUFERRECHTE BEI NICHT RECHTZEITIGER LIEFERUNG

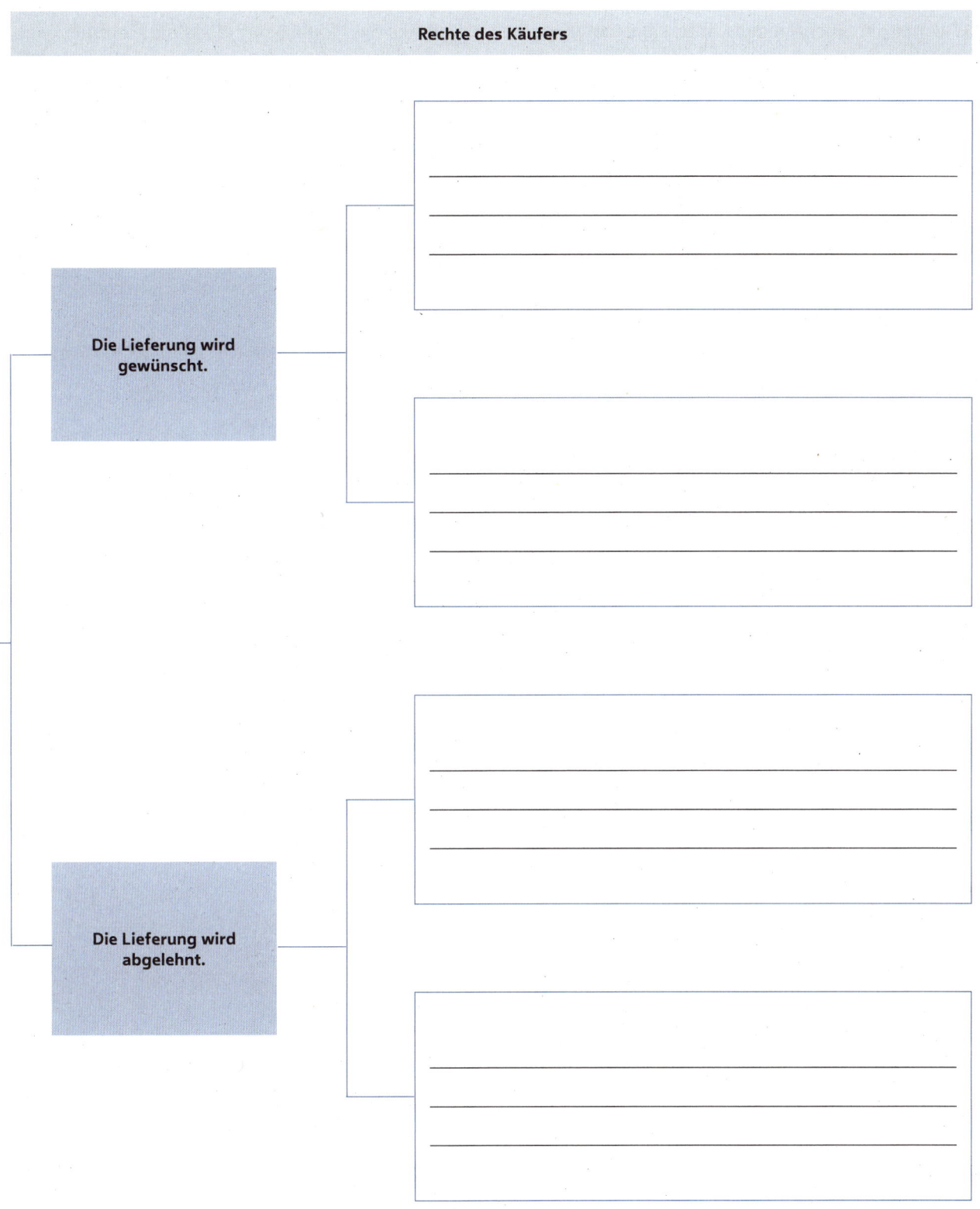

- Fassen Sie die wesentlichen Aussagen der entsprechenden Paragrafen des BGB zu den Voraussetzungen des Lieferungsverzugs zusammen (Lückentext).
- Berücksichtigen Sie dabei auch § 286 (2) 1 BGB.
- Stellen Sie die vier möglichen Rechte des Käufers kurz und anschaulich dar.
- Verwenden Sie dazu die Darstellungen auf den vorherigen Seiten.

1 RECHTLICHE GRUNDLAGEN WIRTSCHAFTLICHEN HANDELNS

Vertiefungs- und Anwendungsaufgaben

1. Unter den Rechten des Käufers bei Lieferungsverzug gibt es die Möglichkeit, dass die Lieferung weiterhin verlangt wird.
   Geben Sie an, welche Gründe aus Sicht des Käufers allgemein dafür sprechen, weiterhin auf Lieferung zu bestehen.

2. Die Hoffmann KG hat Ware bei ihrem Lieferanten eingekauft. Volkan will im Vorfeld wissen, wie er bei Störungen in der Erfüllung des Kaufvertrags rechtlich richtig handeln darf.
   Kreuzen Sie an, welche der nachfolgenden Aussagen richtig ist.

a)	Aufgrund einer berechtigten Mängelrüge hat die Hoffmann KG nur das Recht auf eine Preisminderung.
b)	Bei einem Fixkauf kann die Hoffmann KG im Falle eines Lieferungsverzugs ohne Nachfristsetzung vom Vertrag zurücktreten.
c)	Beim Lieferungsverzug kann die Hoffmann KG immer Schadensersatz wegen Nichterfüllung verlangen.
d)	Im Falle des Annahmeverzugs darf der Lieferant beim Selbsthilfeverkauf nicht mitbieten.
e)	Bei versteckten Mängeln braucht die Hoffmann KG keine Rügefrist einzuhalten.

3. Die Kinke AG gerät gegenüber ihrem Kunden Hoffmann KG mit der Lieferung von 100 Damenpullovern „Elle" in Lieferungsverzug. Die Hoffmann KG benötigt die Ware dringend und hat sich daher die Damenpullover nach Mahnung und Verstreichen einer angemessenen Nachfrist bei einem anderen Lieferanten besorgt. Die Hoffmann KG verlangt von der Kinke AG die Preisdifferenz für die dort teurer eingekaufte Ware. Kreuzen Sie an: Welches Recht aus dem Lieferungsverzug macht die Hoffmann KG hier geltend?

a)	Erfüllung des Vertrags und Schadensersatz
b)	Ersatz für Verspätung und Minderung
c)	Rücktritt vom Vertrag
d)	Erfüllung des Vertrags
e)	Schadensersatz statt Leistung

1.8 Wir informieren uns über die gesetzlichen Verkäuferrechte beim Annahmeverzug

Handlungssituation

An einem Montagmorgen trifft Carolin Saager Volkan Karaca im Bus auf der Fahrt zur Hoffmann KG.

Carolin: „Hi Volkan, ist bei dir in der Abteilung alles okay?"

Volkan: „Eigentlich ja, heute muss ich allerdings einen Fall bearbeiten, über den ich mich doch stark wundere. Wir hatten Freitag einen seltsamen Besuch: Kurz vor Feierabend taucht der Lkw-Fahrer unseres Frachtführers wieder bei uns im Lager auf. Er wollte eine Sendung mit 400 Anzügen zurückbringen, die er vereinbarungsgemäß am Morgen bei der Lüneburger Filiale der Guttex GmbH vorbeibringen sollte. Dort hatte man die Abladung der Sendung nämlich mit der Begründung verhindert, man habe die Ware mittlerweile in Bangladesch günstiger besorgen können. Jetzt steht die Ware im Eingangsbereich, weil unser

Lager momentan wegen der bevorstehenden Frühjahrssaison absolut voll ist. Dort behindert sie die Abläufe ..."

Carolin: „So, und was machst du jetzt?"

Volkan: „Ich muss mich jetzt erst mal schlau machen. Ich glaube, einen solchen Fall nennt man Annahmeverzug."

Handlungsaufgaben

1. Geben Sie an, welche Probleme Volkan klären muss.
2. Erläutern Sie den Begriff „Annahmeverzug".
3. Stellen Sie fest, ob die Voraussetzungen für einen Annahmeverzug vorliegen.
4. Erläutern Sie die Folgen eines Annahmeverzugs.
5. Geben Sie die möglichen Rechte an, die die Hoffmann KG wählen könnte.
6. Machen Sie einen Vorschlag, welches Recht die Hoffmann KG tatsächlich in Anspruch nehmen sollte.

Vertiefungs- und Anwendungsaufgaben

1. Führen Sie Voraussetzungen für die Durchführung des Selbsthilfeverkaufs auf.
2. Führen Sie Fälle auf, bei denen der Verkäufer von seinem Rücktrittsrecht Gebrauch machen könnte.

1.9 Wir prüfen den Zahlungsverzug und mahnen Kunden außergerichtlich

Handlungssituation

Katarzyna Popov ist bei Frau Duchnik im Rechnungswesen der Hoffmann KG eingesetzt. Frau Duchnik ist dafür bekannt, dass sie von ihren Mitarbeitenden viel fordert. Am ersten Tag wird Katarzyna zu einem Gespräch gebeten.

Frau Duchnik: „Ah, Frau Popov, guten Tag, schön, dass Sie da sind."

Katarzyna: „Guten Tag, Frau Duchnik."

Frau Duchnik: „Frau Popov, herzlich willkommen im Rechnungswesen der Hoffmann KG. Sie arbeiten nun in einem wichtigen Teil dieses Unternehmens, denn hier wird der Erfolg gesichert."

Katarzyna: „Oh, da bin ich sehr gespannt. Ich kann mir leider noch nicht so viel unter der alltäglichen Arbeit im Rechnungswesen vorstellen."

Frau Duchnik: „Ich komme auch gleich zur Sache. Die Praktikantinnen und Praktikanten bekommen bei mir immer einen besonderen Bereich zugewiesen, in dem sie mir direkt zuarbeiten. Sie werden

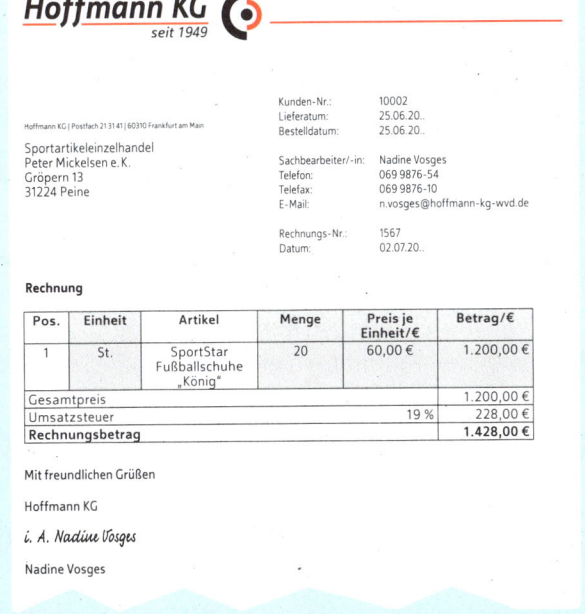

1 RECHTLICHE GRUNDLAGEN WIRTSCHAFTLICHEN HANDELNS

in der nächsten Zeit also unsere OPOS-Liste verwalten, prüfen, ob unsere Kunden in Verzug geraten sind, und Maßnahmen vorbereiten, damit wir an unser Geld kommen."

Katarzyna: „Was ist denn die OPOS-Liste?"

Frau Duchnik: „Kurz gesagt: Die OPOS-Liste ist unsere Liste mit den offenen Positionen, also den Forderungen, die wir noch gegenüber unseren Kunden haben."

Katarzyna: „Was soll ich denn mit den offenen Forderungen tun?"

Frau Duchnik: „Sie werden sich innerhalb kürzester Zeit in unser Forderungsmanagement einarbeiten und dafür sorgen, dass die Kunden ihre ausstehenden Beträge bei uns begleichen. Dazu habe ich Ihnen einen dringenden Fall mitgebracht. Die Zahlung von Herrn Peter Mickelsen, einem Sportartikeleinzelhändler in Peine, für die bei uns gekauften Fußballschuhe des Models ‚König' der Marke SportStar in Höhe von brutto 1.428,00 € war am 16. Februar fällig. Das war bereits vor 7 Tagen. Da müssen wir etwas machen."

Katarzyna: „Sollten wir da eine Mahnung schreiben?"

Frau Duchnik: „Ich sehe, Sie begreifen schnell. Informieren Sie sich bitte zunächst über das Forderungsmanagement und die Möglichkeiten unseres Mahnverfahrens. Schauen Sie, ob Peter Mickelsen in Verzug ist und ob wir ihn mahnen können. Veranlassen Sie alles, um dies zu tun."

Katarzyna: „Ich werde sehen, was sich machen lässt."

Frau Duchnik: „Ich kenne Herrn Mickelsen. Es kommt häufiger vor, dass er verspätet zahlt. Bitte prüfen Sie daher sämtliche Rechte, die uns in diesem Fall zustehen. Verfassen Sie die Zahlungserinnerung an Herrn Mickelsen. Da er in der Vergangenheit die Verzugszinsen nicht gezahlt hat, möchte ich, dass zukünftig eine genaue Aufstellung der Verzugszinsen in allen Zahlungserinnerungen und Mahnschreiben von uns enthalten ist. Ach ja… wir wollen zunächst noch nicht gerichtlich tätig werden."

Katarzyna: „Okay, das werde ich tun."

Handlungsaufgaben

1. Ermitteln Sie, welche Aufgaben Katarzyna zu erledigen hat.
2. Katarzyna beschließt, dass sie zunächst einmal verstehen möchte, was dieses Forderungsmanagement überhaupt ist.
   Arbeiten Sie mithilfe Ihres Lehrbuchs und Ihrer eigenen Erfahrungen heraus,
   a) welche Folgen verspätete Zahlungseingänge aufgrund eines mangelhaften oder fehlenden Forderungsmanagements für die Hoffmann KG haben können.
   b) welche Gründe die Kunden für einen Zahlungsverzug haben können.
   c) welche Maßnahmen ein erfolgreiches Forderungsmanagement beinhalten könnte.
3. Der § 286 BGB bestimmt, wann ein Schuldner in Zahlungsverzug gerät. Arbeiten Sie aus dem Gesetzesauszug und Ihrem Lehrbuch die drei grundlegenden Voraussetzungen für den Schuldnerverzug heraus.

 § 286 BGB Verzug des Schuldners (Auszug)

(1) Leistet der Schuldner auf eine Mahnung des Gläubigers nicht, die nach dem Eintritt der Fälligkeit erfolgt, so kommt er durch die Mahnung in Verzug. Der Mahnung stehen die Erhebung der Klage auf die Leistung sowie die Zustellung eines Mahnbescheids im Mahnverfahren gleich.

	Voraussetzung lt. Gesetzestext	Erläuterung der Voraussetzung
1		

4. In bestimmten Fällen kann eine Mahnung des Schuldners unterbleiben und der Verzug tritt trotzdem ein. Diese Ausnahmefälle sind in § 286 (2) und (3) BGB geregelt. Arbeiten Sie diese Ausnahmetatbestände aus dem Gesetz und Ihrem Lehrbuch heraus. Bringen Sie jeweils ein Beispiel.

> (2) Der Mahnung bedarf es nicht, wenn
> 1. für die Leistung eine Zeit nach dem Kalender bestimmt ist,
> 2. der Leistung ein Ereignis vorauszugehen hat und eine angemessene Zeit für die Leistung in der Weise bestimmt ist, dass sie sich von dem Ereignis an nach dem Kalender berechnen lässt,
> 3. der Schuldner die Leistung ernsthaft und endgültig verweigert,
> 4. aus besonderen Gründen unter Abwägung der beiderseitigen Interessen der sofortige Eintritt des Verzugs gerechtfertigt ist.
>
> (3) Der Schuldner einer Entgeltforderung kommt spätestens in Verzug, wenn er nicht innerhalb von 30 Tagen nach Fälligkeit und Zugang einer Rechnung oder gleichwertigen Zahlungsaufstellung leistet; dies gilt gegenüber einem Schuldner, der Verbraucher ist, nur, wenn auf diese Folgen in der Rechnung oder Zahlungsaufstellung besonders hingewiesen worden ist. Wenn der Zeitpunkt des Zugangs der Rechnung oder Zahlungsaufstellung unsicher ist, kommt der Schuldner, der nicht Verbraucher ist, spätestens 30 Tage nach Fälligkeit und Empfang der Gegenleistung in Verzug.

	Ausnahmetatbestand	Gesetzesstelle
1		§ 286 (2) Nr. 1 BGB
	Beispiel:	
2		§ 286 (2) Nr. 2 BGB
	Beispiel:	
3		§ 286 (2) Nr. 3 BGB
	Beispiel:	
4		§ 286 (2) Nr. 4 BGB
	Beispiel:	
5		§ 286 (3) BGB
	Beispiel:	

5. Überprüfen Sie, ob der Einzelhändler Peter Mickelsen aufgrund seiner offenen Rechnung über die 20 Paar Fußballschuhe von SportStar in Verzug geraten ist und somit gemahnt werden kann. Prüfen Sie alle Voraussetzungen, die im Sachverhalt infrage kommen. Fassen Sie das Ergebnis zusammen.

1 RECHTLICHE GRUNDLAGEN WIRTSCHAFTLICHEN HANDELNS

zu prüfende Voraussetzung	Wie ist die Situation im Sachverhalt?	Voraussetzung erfüllt?

6. Finden Sie mithilfe Ihres Lehrbuchs heraus, welche Rechte die Hoffmann KG gegenüber Peter Mickelsen im vorliegenden Sachverhalt geltend machen kann.

Vorrangige Rechte bei Zahlungsverzug
1
2
3

7. Vervollständigen Sie den Überblick über die Bestandteile des Schadensersatzes neben der Leistung.

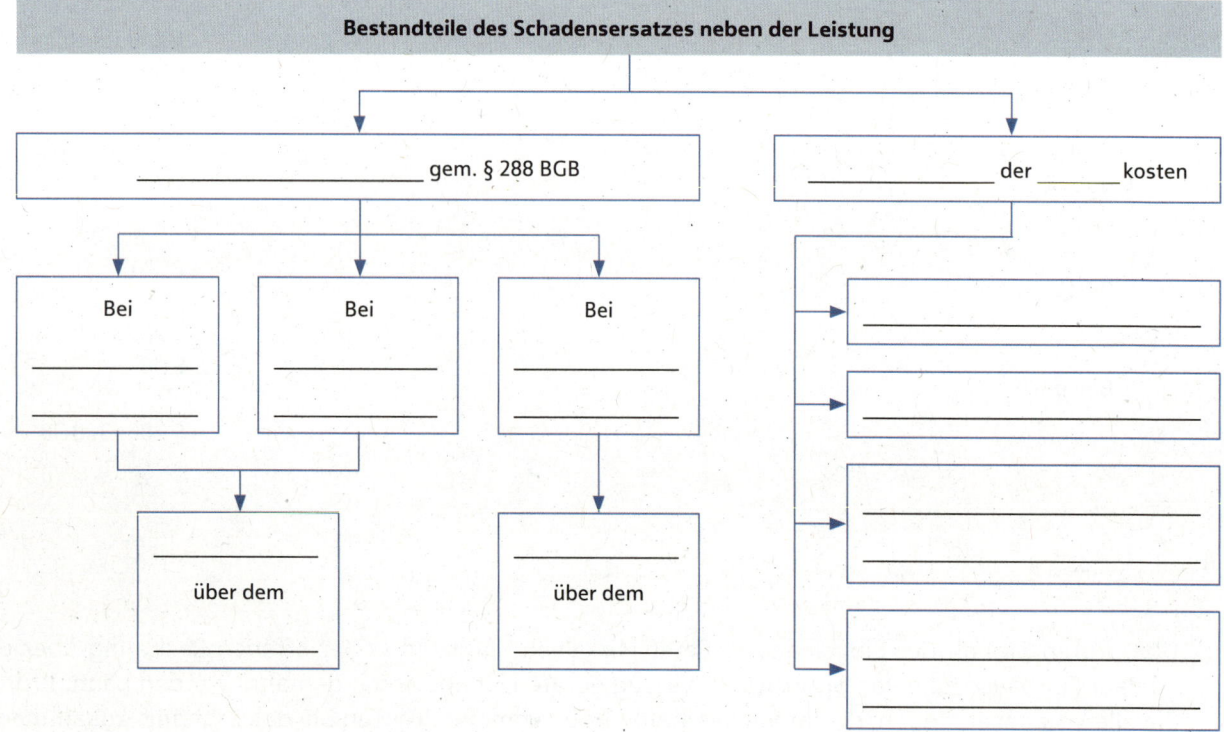

8. Die Zahlungserinnerung an Herrn Mickelsen soll verfasst werden. Da ab jetzt eine genaue Berechnung der Verzugszinsen in den Zahlungserinnerungen und Mahnungen der Hoffmann KG aufgeführt werden soll, müssen Sie die Verzugszinsen bis zum heutigen Tag errechnen. Informieren Sie sich für Ihre Berechnungen zuvor im Internet über den aktuell geltenden Basiszinssatz.
9. Verfassen Sie die Zahlungserinnerung an Herrn Mickelsen auf einem gesonderten Blatt Papier. Achten Sie auf die Formulierungen und auch auf die Formvorschriften. Es handelt sich um ein offizielles Schreiben der Hoffmann KG.
10. Informieren Sie sich mithilfe Ihres Lehrbuches über das kaufmännische Mahnverfahren. Geben Sie an, warum es für die Hoffmann KG sinnvoll ist, das außergerichtliche (kaufmännische) Mahnverfahren durchzuführen.
11. Betrachten Sie das Beispiel für den Ablauf des außergerichtlichen Mahnverfahrens in Ihrem Lehrbuch. So läuft das Mahnverfahren also bei der Hoffmann KG ab. Beschreiben Sie in dem folgenden Lösungsfeld das Mahnverfahren in Ihrem Praktikumsbetrieb in ähnlich dargestellter Form und bereiten Sie sich darauf vor, es Ihren Klassenkameradinnen und -kameraden vorzustellen.

Vertiefungs- und Anwendungsaufgaben

1. Berechnen Sie die Anzahl der Tage, die bei den folgenden Versäumnissen maßgeblich sind:

    a) 13.01. bis 02.03. _____

    b) 22.04. bis 25.11. _____

    c) 13.06. bis 31.10. _____

    d) 27.02. bis 26.05. _____

    e) 06.03. bis 01.10. _____

    f) 09.01. bis 07.07. _____

    g) 19.11. bis 28.02. _____

2. Geben Sie an, warum eine Mahnung in dem Fall, dass die ursprüngliche Rechnung an Peter Mickelsen kein Zahlungsziel und keine Erläuterungen dazu enthalten hätte, zusätzliche Bedeutung gewinnen würde.
3. Beschreiben Sie die Unterschiede zwischen einer Zahlungserinnerung und einer Mahnung.

1.10 Wir wenden das gerichtliche Mahnverfahren an, um die Liquidität zu sichern

Handlungssituation

Katarzyna Popov hat den Fall Peter Mickelsen schon fast wieder vergessen. Sie hatte ja damals die Zahlungserinnerung verfasst und danach hat sie nie wieder etwas von ihm gehört. Offensichtlich hat er gezahlt.

Doch heute, am 14.05.20.., kommt Frau Duchnik in ihr Büro:

Frau Duchnik: „Guten Morgen, Frau Popov!"

Katarzyna: „Guten Morgen, Frau Duchnik. Was kann ich für Sie tun?"

1 RECHTLICHE GRUNDLAGEN WIRTSCHAFTLICHEN HANDELNS

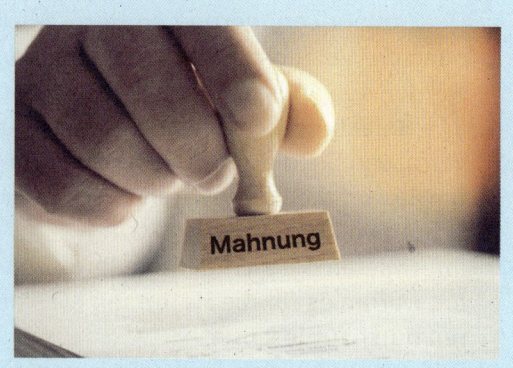

Frau Duchnik: „Sie erinnern sich an den Fall Peter Mickelsen und die Fußballschuhe ‚König' für 1.428,00 €?"

Katarzyna: „Ja, hat er schon wieder etwas nicht bezahlt?"

Frau Duchnik: „Schon wieder?! Er hat die Fußballschuhe immer noch nicht bezahlt."

Katarzyna: „Was? Aber ich habe doch seit der Zahlungserinnerung gar nichts mehr von dem Fall gehört."

Frau Duchnik: „Das ist auch richtig. Alle weiteren Schritte des außergerichtlichen Mahnverfahrens werden von unserem System automatisch generiert. Erst wenn wir in das gerichtliche Mahnverfahren gehen, müssen wir uns wieder mit dem Fall befassen. Und deshalb bin ich nun wieder bei Ihnen."

Katarzyna: „Ach, das ist ja sehr praktisch, dass so viel automatisiert ist. Schade ist nur, dass Herr Mickelsen noch nicht gezahlt hat."

Frau Duchnik: „Das sehe ich auch so. Daher möchte ich Sie bitten, nun die nächsten Schritte einzuleiten. Bisher gibt es keine Anzeichen, dass Herr Mickelsen Einwendungen gegen unsere Ansprüche haben wird. Informieren Sie sich auch gleich über das gesamte weitere Verfahren, da davon auszugehen ist, dass Herr Mickelsen nicht bezahlen wird."

Handlungsaufgaben

1. Ermitteln Sie, welche Aufgaben Katarzyna zu erledigen hat.
2. Stellen Sie fest, wie Katarzyna vorgehen muss, wenn sie die nächsten Schritte des Verfahrens einleiten will.
3. Geben Sie mithilfe Ihres Lehrbuchs an, welche Voraussetzungen erfüllt sein müssen, damit das gerichtliche Mahnverfahren angewendet werden kann.

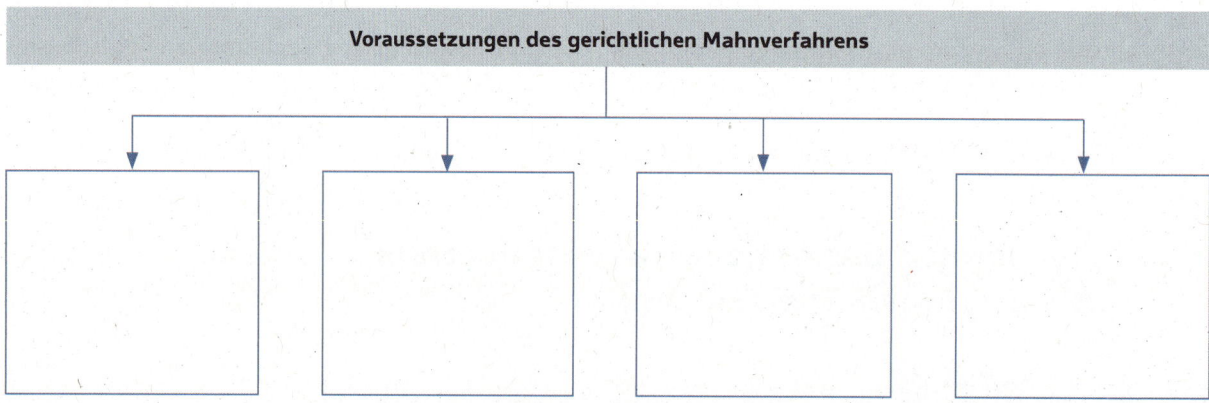

4. Erstellen Sie den Antrag auf Erlass eines Mahnbescheids gegen Einzelhändler Peter Mickelsen, welcher als Kaufmann im Handelsregister eingetragen ist. Bei Fragen und Problemen folgen Sie auf der Internetseite www.online-mahnantrag.de den Pfad „Hilfe" → „Online-Mahnantrag". Dort finden Sie Erläuterungen zu sämtlichen Zeilen des Antrags.
Für Porto und den Vordruck wurden 3,30 € aufgewendet. Ein Rechtsanwalt wird nicht eingeschaltet. Die Kosten für dieses gerichtliche Mahnverfahren betragen 39,00 €. Ein Klageverfahren wäre vor dem Amtsgericht in 31224 Peine durchzuführen. Das zentrale Mahngericht in Niedersachsen ist das Amtsgericht Uelzen (Postfach 1363, 29503 Uelzen). Bei der Hoffmann KG ist von den Komplementären Herr Michael Staudt zuständig für die Durchführung von gerichtlichen Mahnverfahren.

1.10 WIR WENDEN DAS GERICHTLICHE MAHNVERFAHREN AN, UM DIE LIQUIDITÄT ZU SICHERN

Antrag auf Erlass eines Mahnbescheids
– Nicht verwendbar für Rechtsanwälte und registrierte Inkassodienstleister –

Raum für Vermerke des Gerichts

Zeilen-Nummer | Datum des Antrags | C | Bitte beachten Sie die Ausfüllhinweise!

1

Antragsteller
Bei mehreren Antragstellern: Es wird versichert, dass der in Spalte 1 Bezeichnete bevollmächtigt ist, die weiteren zu vertreten.

2

Spalte 1
Spalte 2 Weiterer Antragsteller

3 1 = Herr / 2 = Frau — Vorname | 1 = Herr / 2 = Frau — Vorname

4 Nachname | Nachname

5 Straße, Hausnummer – bitte kein Postfach! – | Straße, Hausnummer – bitte kein Postfach! –

6 Postleitzahl Ort Ausl. Kz. | Postleitzahl Ort Ausl. Kz.

7

Spalte 3 Nur eingetragener Kaufmann, juristische Person usw. — Rechtsform, z.B. GmbH, AG, OHG, KG

8 3 = nur eingetragener Kaufmann   4 = nur GmbH u. Co KG   sonst Rechtsform:
Vollständige Bezeichnung

9 Fortsetzung von Zeile 9

10 Straße, Hausnummer – bitte kein Postfach! – | Postleitzahl Ort Ausl. Kz.

11

Gesetzlicher Vertreter
Nr. der Spalte, in der der Vertretene bezeichnet ist

Gesetzlicher Vertreter (auch weiterer)
Nr. der Spalte, in der der Vertretene bezeichnet ist

12 Stellung (z. B. Geschäftsführer, Vater, Mutter, Vormund) | Stellung

13 Vor- und Nachname | Vor- und Nachname

14 Straße, Hausnummer – bitte kein Postfach! – | Straße, Hausnummer – bitte kein Postfach! –

15 Postleitzahl Ort Ausl. Kz. | Postleitzahl Ort Ausl. Kz.

16

Antragsgegner
Falls der Antragsgegner unter das Zusatzabkommen zum NATO-Truppenstatut fällt, bitte Ausfüllhinweise beachten.

Antragsgegner sind Gesamtschuldner

17

Spalte 1
Spalte 2 Weiterer Antragsgegner

18 1 = Herr / 2 = Frau — Vorname | 1 = Herr / 2 = Frau — Vorname

19 Nachname | Nachname

20 Straße, Hausnummer – bitte kein Postfach! – | Straße, Hausnummer – bitte kein Postfach! –

21 Postleitzahl Ort Ausl. Kz. | Postleitzahl Ort Ausl. Kz.

22

Spalte 3 Nur eingetragener Kaufmann, juristische Person usw. — Rechtsform, z.B. GmbH, AG, OHG, KG

23 3 = nur eingetragener Kaufmann   4 = nur GmbH u. Co KG   sonst Rechtsform:
Vollständige Bezeichnung

24 Fortsetzung von Zeile 24

25 Straße, Hausnummer – bitte kein Postfach! – | Postleitzahl Ort Ausl. Kz.

26

Gesetzlicher Vertreter
Nr. der Spalte, in der der Vertretene bezeichnet ist

Gesetzlicher Vertreter (auch weiterer)
Nr. der Spalte, in der der Vertretene bezeichnet ist

27 Stellung (z. B. Geschäftsführer, Vater, Mutter, Vormund) | Stellung

28 Vor- und Nachname | Vor- und Nachname

29 Straße, Hausnummer – bitte kein Postfach! – | Straße, Hausnummer – bitte kein Postfach! –

30 Postleitzahl Ort Ausl. Kz. | Postleitzahl Ort Ausl. Kz.

31

EMA1/1 Fassung 01. 07. 2017 Art.Nr. 705
4002871070508 RNK VERLAG Stiftung & Co. KG Hauptstraße 14 14979 Großbeeren

Bitte die nächste Vordruckseite beachten!

1 RECHTLICHE GRUNDLAGEN WIRTSCHAFTLICHEN HANDELNS

Bezeichnung des Anspruchs

I. Hauptforderung – siehe Katalog in den Hinweisen –

Zeilen-Nummer	Katalog-Nr.	Rechnung/Aufstellung/Vertrag oder ähnliche Bezeichnung	Nr. der Rechng./des Kontos u. dgl.	Datum bzw. Zeitraum (TT.MM.JJ) vom	bis	Betrag EUR
32						
33						
34						

	Postleitzahl	Ort als Zusatz bei Katalog-Nr. 17, 19, 20, 90	Ausl. Kz.	Vertragsart als Zusatz bei Katalog-Nr. 28	
35					-Vertrag

Sonstiger Anspruch – nur ausfüllen, wenn im Katalog nicht vorhanden – mit Vertrags-/Lieferdatum/Zeitraum vom ... bis ...

	Fortsetzung von Zeile 36	vom	bis	Betrag EUR
36				
37				

Nur bei Abtretung oder Forderungsübergang:
Früherer Gläubiger – Vor- und Nachname, Firma (Kurzbezeichnung) | Postleitzahl | Ort | Ausl. Kz.

Datum — Seit diesem Datum ist die Forderung an den Antragsteller abgetreten/auf ihn übergegangen.

| 38 | | | |
| 39 | | | |

IIa. Laufende Zinsen

Zeilen-Nr. der Hauptforderung	Zinssatz %	oder %-Punkte über Basiszinssatz	1 = jährl. 2 = mtl. 3 = tägl.	Betrag EUR nur angeben, wenn abweichend vom Hauptforderungsbetrag.	Ab Zustellung des Mahnbescheids, wenn kein Datum angegeben. ab oder vom	bis
40						
41						
42						

IIb. Ausgerechnete Zinsen
Gemäß dem Antragsgegner mitgeteilter Berechnung für die Zeit
vom | bis | Betrag EUR

III. Auslagen des Antragstellers für dieses Verfahren
Vordruck/Porto Betrag EUR | Sonstige Auslagen Betrag EUR | Bezeichnung

| 43 | | | | | | |

IV. Andere Nebenforderungen

Mahnkosten Betrag EUR	Auskünfte Betrag EUR	Bankrücklastkosten Betrag EUR	Inkassokosten Betrag EUR	Anwaltsvergütung für vorgerichtl. Tätigkeit Betrag EUR	Sonstige Nebenforderung Betrag EUR	Bezeichnung
44						

Ein streitiges Verfahren wäre durchzuführen vor dem

1 = Amtsgericht
2 = Landgericht
3 = Landgericht – KfH
6 = Amtsgericht – Familiengericht
8 = Sozialgericht

Postleitzahl | Ort
in

Im Falle eines Widerspruchs beantrage ich die Durchführung des streitigen Verfahrens.

| 45 | | | |

Prozessbevollmächtigter des Antragstellers

3 = Rechtsbeistand
4 = Herr, Frau
9 = Verbraucherzentrale, -verband

Betrag EUR

Ordnungsgemäße Bevollmächtigung versichere ich.
Bei Rechtsbeistand: Anstelle der Auslagenpauschale (Nr. 7002 VV RVG) werden die nebenstehenden Auslagen verlangt, deren Richtigkeit versichert wird.

Der Antragsteller ist nicht zum Vorsteuerabzug berechtigt.

Vor- und Nachname/Bezeichnung

46			
47	Straße, Hausnummer – bitte kein Postfach!	Postleitzahl	Ort	Ausl. Kz.
48	IBAN	BIC (Bank Identifier Code)
49		

Von Kreditgebern (auch Zessionar) zusätzlich zu machende Angaben bei Anspruch aus Verbraucherdarlehensvertrag (§§ 491 ff BGB):

Zeilen-Nr. der Hauptforderung	Vertragsdatum	Effektiver Jahreszins	Zeilen-Nr. der Hauptforderung	Vertragsdatum	Effektiver Jahreszins	Zeilen-Nr. der Hauptforderung	Vertragsdatum	Effektiver Jahreszins
50								

Geschäftszeichen des Antragstellers/Prozessbevollmächtigten

| 51 | |

An das Amtsgericht
– Zentrales Mahngericht –

Ich erkläre, dass der Anspruch von einer Gegenleistung abhängt, die bereits erbracht wurde oder nicht von einer Gegenleistung abhängt. Ich beantrage, einen Mahnbescheid zu erlassen und in diesen die Kosten des Verfahrens aufzunehmen.

| 52 | |

Unterschrift des Antragstellers/Vertreters/Prozessbevollmächtigten

| 53 | Postleitzahl, Ort | |

EMA1 /2

Fassung 01. 07. 2017

5. Vervollständigen Sie das folgende Schaubild zum Verlauf des gerichtlichen Mahnverfahrens nach Zustellung des Mahnbescheids.

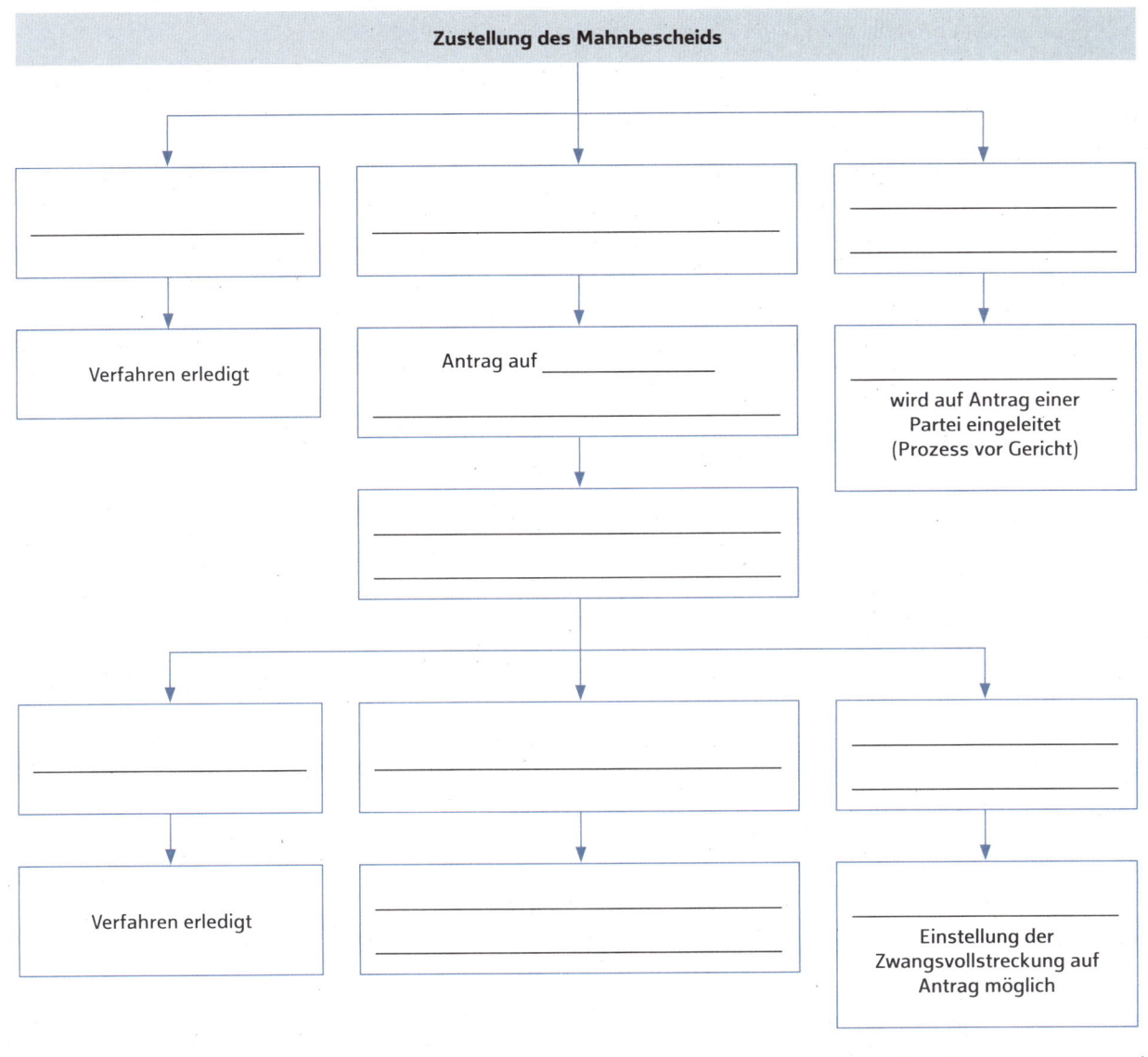

```
                    Zustellung des Mahnbescheids
           │                    │                       │
           ▼                    ▼                       ▼
    ┌─────────────┐      ┌─────────────┐         ┌─────────────┐
    │ _____  │      │ _____  │         │ _____  │
    │ _____  │      │ _____  │         │ _____  │
    └─────────────┘      └─────────────┘         └─────────────┘
           │                    │                       │
           ▼                    ▼                       ▼
    ┌─────────────┐      ┌─────────────┐         ┌─────────────┐
    │  Verfahren  │      │ Antrag auf  │         │ _____  │
    │  erledigt   │      │ _____  │         │ wird auf    │
    │             │      │ _____  │         │ Antrag einer│
    └─────────────┘      └─────────────┘         │ Partei ein- │
                                │                │ geleitet    │
                                ▼                │ (Prozess vor│
                         ┌─────────────┐         │ Gericht)    │
                         │ _____  │         └─────────────┘
                         │ _____  │
                         └─────────────┘
                                │
           ┌────────────────────┼────────────────────┐
           ▼                    ▼                    ▼
    ┌─────────────┐      ┌─────────────┐      ┌─────────────┐
    │ _____  │      │ _____  │      │ _____  │
    │ _____  │      │ _____  │      │ _____  │
    └─────────────┘      └─────────────┘      └─────────────┘
           │                    │                    │
           ▼                    ▼                    ▼
    ┌─────────────┐      ┌─────────────┐      ┌─────────────┐
    │  Verfahren  │      │ _____  │      │ _____  │
    │  erledigt   │      │ _____  │      │ Einstellung │
    │             │      │             │      │ der Zwangs- │
    └─────────────┘      └─────────────┘      │ vollstreckung│
                                              │ auf Antrag  │
                                              │ möglich     │
                                              └─────────────┘
```

1 RECHTLICHE GRUNDLAGEN WIRTSCHAFTLICHEN HANDELNS

Vertiefungs- und Anwendungsaufgaben

1. a) Geben Sie die Voraussetzungen der Zwangsvollstreckung an.
   b) Geben Sie an, was man unter einem Vollstreckungstitel versteht.
   c) Geben Sie Beispiele für Vollstreckungstitel an.
   d) Geben Sie an, was man unter einer Vollstreckungsklausel versteht.
   e) Nennen Sie die Möglichkeiten, die die Zwangsvollstreckung bietet, um einen Titel durchzusetzen.

2. Gegen Peter Mickelsen wurde ein Vollstreckungsbescheid über 2.650,00 € erwirkt. Die Voraussetzungen für die Zwangsvollstreckung liegen vor. Der Gerichtsvollzieher ist in den Geschäftsräumen von Herrn Mickelsen und findet Gegenstände vor. Entscheiden Sie, ob und wie der Gerichtsvollzieher die Gegenstände pfänden wird.

Gegenstand/Wert/Neupreis	Pfändbar	Pfändungshandlung	Pfandwert
a) Kühltruhe (Kühlschrank ist vorhanden) Wert: 75,00 € Neupreis: 299,00 €			
b) Bargeld i. H. v. 123,00 €			
c) Kleidung, Wäsche, Bettwäsche Wert: 750,00 € Neupreis: 2.985,00 €			
d) OLED-Fernseher Wert: 1.000,00 € Neupreis: 2.250,00 €			
e) Fußballschuhe „König", 10 Paar Wert: 600,00 € Neupreis: 600,00 €			
f) Fußballschuhe „König", 2 Paar, die bereits über den Onlineshop verkauft und bezahlt wurden, lediglich der Versand steht noch aus Wert: 120,00 € Neupreis: 120,00 €			

3. Stellen Sie fest, was der Gerichtsvollzieher tun wird, wenn Herr Mickelsen die Forderung nach der Pfändung nicht bezahlt.

1.10 WIR WENDEN DAS GERICHTLICHE MAHNVERFAHREN AN, UM DIE LIQUIDITÄT ZU SICHERN

4. Tragen Sie mithilfe des Lehrbuchs die fehlenden Begriffe in die Mindmap ein.

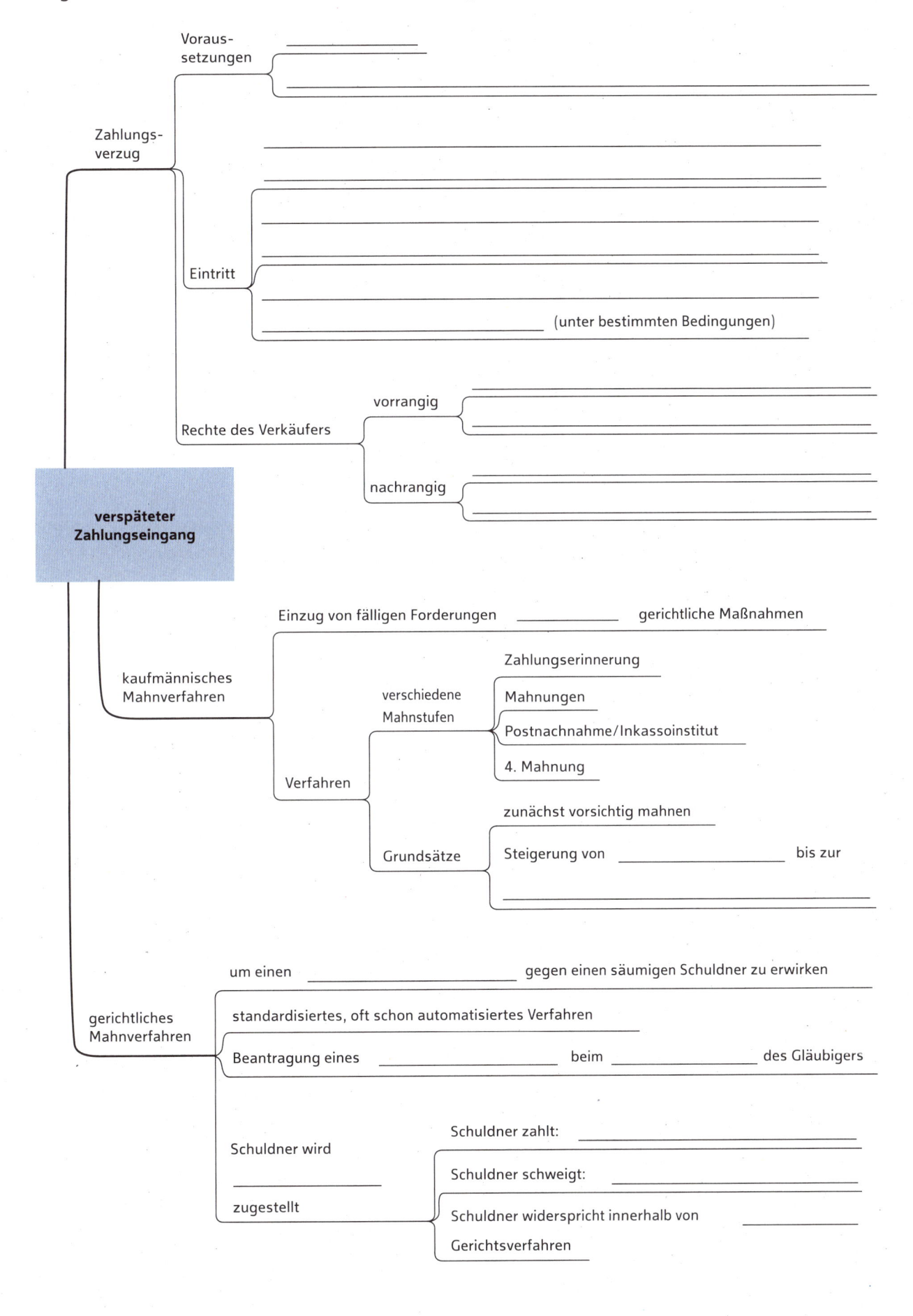

- **verspäteter Zahlungseingang**
  - **Zahlungsverzug**
    - Voraussetzungen: _____
      - _____
    - Eintritt:
      - _____
      - _____
      - _____
      - _____ (unter bestimmten Bedingungen)
    - Rechte des Verkäufers
      - vorrangig: _____
        - _____
      - nachrangig: _____
  - **kaufmännisches Mahnverfahren**
    - Einzug von fälligen Forderungen _____ gerichtliche Maßnahmen
    - Verfahren
      - verschiedene Mahnstufen
        - Zahlungserinnerung
        - Mahnungen
        - Postnachnahme/Inkassoinstitut
        - 4. Mahnung
      - Grundsätze
        - zunächst vorsichtig mahnen
        - Steigerung von _____ bis zur _____
  - **gerichtliches Mahnverfahren**
    - um einen _____ gegen einen säumigen Schuldner zu erwirken
    - standardisiertes, oft schon automatisiertes Verfahren
    - Beantragung eines _____ beim _____ des Gläubigers
    - Schuldner wird _____ zugestellt
      - Schuldner zahlt: _____
      - Schuldner schweigt: _____
      - Schuldner widerspricht innerhalb von _____ Gerichtsverfahren

1.11 Wir beachten Verjährungsfristen

Handlungssituation

Katarzyna Popov ist nun bei Herrn Frank in der Abteilung Rechnungswesen der Hoffmann KG eingesetzt. Herr Frank ist unter anderem für die rechtliche Beurteilung von Problemfällen zuständig. Diese Problemfälle sind in der Regel Fälle, bei denen Forderungen der Hoffmann KG erst nach längerer Zeit bemerkt werden. Es stellt sich regelmäßig die Frage, ob die Hoffmann KG ihre Forderungen rechtlich noch geltend machen kann oder ob sie bereits verjährt sind. Heute, an Katarzynas erstem Arbeitstag, dem 12.08.2024, ergibt sich folgendes Gespräch:

Katarzyna: „Guten Morgen, Herr Frank. Mein Name ist Katarzyna Popov und ich bin Ihnen im Rahmen meines Praktikums für die nächste Zeit zugeordnet."

Herr Frank: „Ah ... guten Morgen, Frau Popov. Ich habe schon gehört, dass Sie ab heute bei mir sein werden. Das freut mich. Ich habe in der letzten Woche auch extra schon ein paar meiner Problemfälle für Sie an die Seite gelegt. Sie wissen schon, was ich hier tue?"

Katarzyna: „Oh, das ist ja super. Ja, ich weiß schon, dass Sie sich hier unter anderem mit älteren Forderungen befassen und dass Sie prüfen, ob die Hoffmann KG noch an das Geld kommen kann."

Herr Frank: „Ja, das ist fürs Erste genug. Denn genau solche Fälle habe ich für Sie zurückgelegt. Es geht zumeist darum, dass wir die Verjährung der Forderungen überprüfen müssen. Zunächst einmal sollten Sie sich ein wenig über das Verjährungsrecht informieren und sich die Grundlagen erarbeiten, bevor Sie sich mit den Fällen befassen. Oder wissen Sie schon etwas über die Verjährung?"

Katarzyna: „Naja, ich weiß, dass man, wenn ein Anspruch verjährt ist, keine Chance mehr hat, an sein Geld zu kommen."

Herr Frank: „Ja ... das glauben die meisten. Aber da müssen Sie vorsichtig sein, wie Sie sich ausdrücken. Naja, das werden Sie schon merken. Nachdem Sie sich in die Grundlagen eingearbeitet haben, möchte ich jedenfalls, dass Sie die folgenden Fälle für mich hinsichtlich einer möglichen Verjährung überprüfen. Zunächst einmal haben wir einen Fall, der uns irgendwie ‚durchgerutscht' ist. An die Gebert GmbH aus Leipzig wurden am 12.07.2021 zwei Positionen Damenwäsche im Wert von jeweils 1.200,00 € ausgeliefert. Am selben Tag wurde dies, unabhängig davon, auch noch ein weiteres Mal bestellt. Eine dieser zwei Rechnungen wurde bezahlt. In unserem System wurden aber versehentlich beide Rechnungen als gezahlt eingetragen."

Katarzyna: „Oh ... das ist aber ärgerlich. Aber das kann natürlich mal passieren."

Herr Frank: „Ja, es sollte aber nicht passieren. Bei dem zweiten Fall sieht es etwas anders aus. Im Rahmen einer Demonstration in Frankfurt am 06.08.2014 wurde unsere Niederlassung beschädigt. Einen der Haupttäter konnte die Polizei erst kürzlich, am 07.06.2023, aufgrund nachhaltiger Ermittlungen im Zusammenhang mit einer anderen Tat festnehmen. Wir wurden von den Beamtinnen und Beamten am Tag der Festnahme informiert und beabsichtigen nunmehr, den Schadensersatz gegen den Täter geltend zu machen."

Katarzyna: „Puh, das ist aber lange her. Aber das hört sich ja unglaublich interessant an."

Herr Frank: „Ja, so einen schönen Fall habe ich auch nicht alle Tage. Naja, und schlussendlich habe ich noch einen kleinen Problemfall. Die Textileinzelhändlerin Emma Britton e. K. steht in unserer

OPOS-Liste noch mit einer Forderung in Höhe von 4.500,00 € zu Buche. Wir lieferten die am 07.11.2020 bestellte Ware sofort aus. Frau Britton behauptete später, dass sie nur einen Teil der Ware erhalten hätte, und verweigerte die Restzahlung in Höhe des offenen Postens. Nach mehreren Mahnungen und viel Schriftverkehr blieb uns schließlich nichts anderes übrig, als am 31.01.2023 nach erfolglosem Mahnverfahren Klage gegen Frau Britton zu erheben. Mit rechtskräftigem Urteil vom 31.03.2024 gab uns das Amtsgericht Hannover recht. Frau Britton hat aber noch nicht gezahlt. Ich bin mir jetzt nicht mehr sicher, wie lange wir mit diesem Anspruch bezüglich der Verjährung noch Zeit haben."

Katarzyna: „Hm ... das ist ja auch schon lange her."

Herr Frank: „Ja, das ist es. Bitte prüfen Sie, ob wir an das Geld noch herankommen und wann die Forderungen verjähren. Bereiten Sie mir die Informationen am besten in einem kleinen Schaubild für jeden Sachverhalt auf, dann habe ich sofort einen Überblick. Vielen Dank und bis nachher."

Katarzyna schnappt sich zunächst einmal das BGB, um sich über das Verjährungsrecht zu informieren, und findet folgende Vorschriften:

§ 195 Regelmäßige Verjährungsfrist

Die regelmäßige Verjährungsfrist beträgt drei Jahre.

§ 196 Verjährungsfrist bei Rechten an einem Grundstück

Ansprüche auf Übertragung des Eigentums an einem Grundstück sowie auf Begründung, Übertragung oder Aufhebung eines Rechts an einem Grundstück oder auf Änderung des Inhalts eines solchen Rechts sowie die Ansprüche auf die Gegenleistung verjähren in zehn Jahren.

§ 197 Dreißigjährige Verjährungsfrist

(1) In 30 Jahren verjähren, soweit nicht ein anderes bestimmt ist,
1. Schadensersatzansprüche, die auf der vorsätzlichen Verletzung des Lebens, des Körpers, der Gesundheit, der Freiheit oder der sexuellen Selbstbestimmung beruhen,
2. Herausgabeansprüche aus Eigentum, anderen dinglichen Rechten, den §§ 2018, 2130 und 2362 sowie die Ansprüche, die der Geltendmachung der Herausgabeansprüche dienen,
3. rechtskräftig festgestellte Ansprüche,
4. Ansprüche aus vollstreckbaren Vergleichen oder vollstreckbaren Urkunden,
5. Ansprüche, die durch die im Insolvenzverfahren erfolgte Feststellung vollstreckbar geworden sind, und
6. Ansprüche auf Erstattung der Kosten der Zwangsvollstreckung.

(2) Soweit Ansprüche nach Absatz 1 Nr. 3 bis 5 künftig fällig werdende regelmäßig wiederkehrende Leistungen zum Inhalt haben, tritt an die Stelle der Verjährungsfrist von 30 Jahren die regelmäßige Verjährungsfrist.

§ 199 Beginn der regelmäßigen Verjährungsfrist und Verjährungshöchstfristen (Auszug)

(1) Die regelmäßige Verjährungsfrist beginnt, soweit nicht ein anderer Verjährungsbeginn bestimmt ist, mit dem Schluss des Jahres, in dem
1. der Anspruch entstanden ist und
2. der Gläubiger von den den Anspruch begründenden Umständen und der Person des Schuldners Kenntnis erlangt oder ohne grobe Fahrlässigkeit erlangen müsste.

(2) Schadensersatzansprüche, die auf der Verletzung des Lebens, des Körpers, der Gesundheit oder der Freiheit beruhen, verjähren ohne Rücksicht auf ihre Entstehung und die Kenntnis oder grob fahrlässige Unkenntnis in 30 Jahren von der Begehung der Handlung, der Pflichtverletzung oder dem sonstigen, den Schaden auslösenden Ereignis an.
(3) Sonstige Schadensersatzansprüche verjähren
    1. ohne Rücksicht auf die Kenntnis oder grob fahrlässige Unkenntnis in zehn Jahren von ihrer Entstehung an [...]
(4) Andere Ansprüche als die nach den Absätzen 2 bis 3a verjähren ohne Rücksicht auf die Kenntnis oder grob fahrlässige Unkenntnis in zehn Jahren von ihrer Entstehung an. [...]

§ 204 Hemmung der Verjährung durch Rechtsverfolgung (Auszug)

(1) Die Verjährung wird gehemmt durch
    1. die Erhebung der Klage auf Leistung oder auf Feststellung des Anspruchs, auf Erteilung der Vollstreckungsklausel oder auf Erlass des Vollstreckungsurteils, [...]
    3. die Zustellung des Mahnbescheids im Mahnverfahren [...]
    10. die Anmeldung des Anspruchs im Insolvenzverfahren oder im Schifffahrtsrechtlichen Verteilungsverfahren, [...]
(2) Die Hemmung nach Absatz 1 endet sechs Monate nach der rechtskräftigen Entscheidung oder anderweitigen Beendigung des eingeleiteten Verfahrens. Gerät das Verfahren dadurch in Stillstand, dass die Parteien es nicht betreiben, so tritt an die Stelle der Beendigung des Verfahrens die letzte Verfahrenshandlung der Parteien, des Gerichts oder der sonst mit dem Verfahren befassten Stelle. Die Hemmung beginnt erneut, wenn eine der Parteien das Verfahren weiter betreibt [...]

§ 209 Wirkung der Hemmung

Der Zeitraum, während dessen die Verjährung gehemmt ist, wird in die Verjährungsfrist nicht eingerechnet.

§ 212 Neubeginn der Verjährung

(1) Die Verjährung beginnt erneut, wenn
    1. der Schuldner dem Gläubiger gegenüber den Anspruch durch Abschlagszahlung, Zinszahlung, Sicherheitsleistung oder in anderer Weise anerkennt oder
    2. eine gerichtliche oder behördliche Vollstreckungshandlung vorgenommen oder beantragt wird.
(2) Der erneute Beginn der Verjährung infolge einer Vollstreckungshandlung gilt als nicht eingetreten, wenn die Vollstreckungshandlung auf Antrag des Gläubigers oder wegen Mangels der gesetzlichen Voraussetzungen aufgehoben wird.
(3) Der erneute Beginn der Verjährung durch den Antrag auf Vornahme einer Vollstreckungshandlung gilt als nicht eingetreten, wenn dem Antrag nicht stattgegeben oder der Antrag vor der Vollstreckungshandlung zurückgenommen oder die erwirkte Vollstreckungshandlung nach Absatz 2 aufgehoben wird.

§ 214 Wirkung der Verjährung

(1) Nach Eintritt der Verjährung ist der Schuldner berechtigt, die Leistung zu verweigern.
(2) Das zur Befriedigung eines verjährten Anspruchs Geleistete kann nicht zurückgefordert werden, auch wenn in Unkenntnis der Verjährung geleistet worden ist. Das Gleiche gilt von einem vertragsmäßigen Anerkenntnis sowie einer Sicherheitsleistung des Schuldners.

1.11 WIR BEACHTEN VERJÄHRUNGSFRISTEN

Handlungsaufgaben

1. Ermitteln Sie, welche Aufgaben Katarzyna zu erledigen hat.
2. Arbeiten Sie aus den §§ 195 bis 197 BGB heraus, welche grundsätzlichen Verjährungsfristen es gibt, indem Sie das folgende Schaubild vervollständigen.

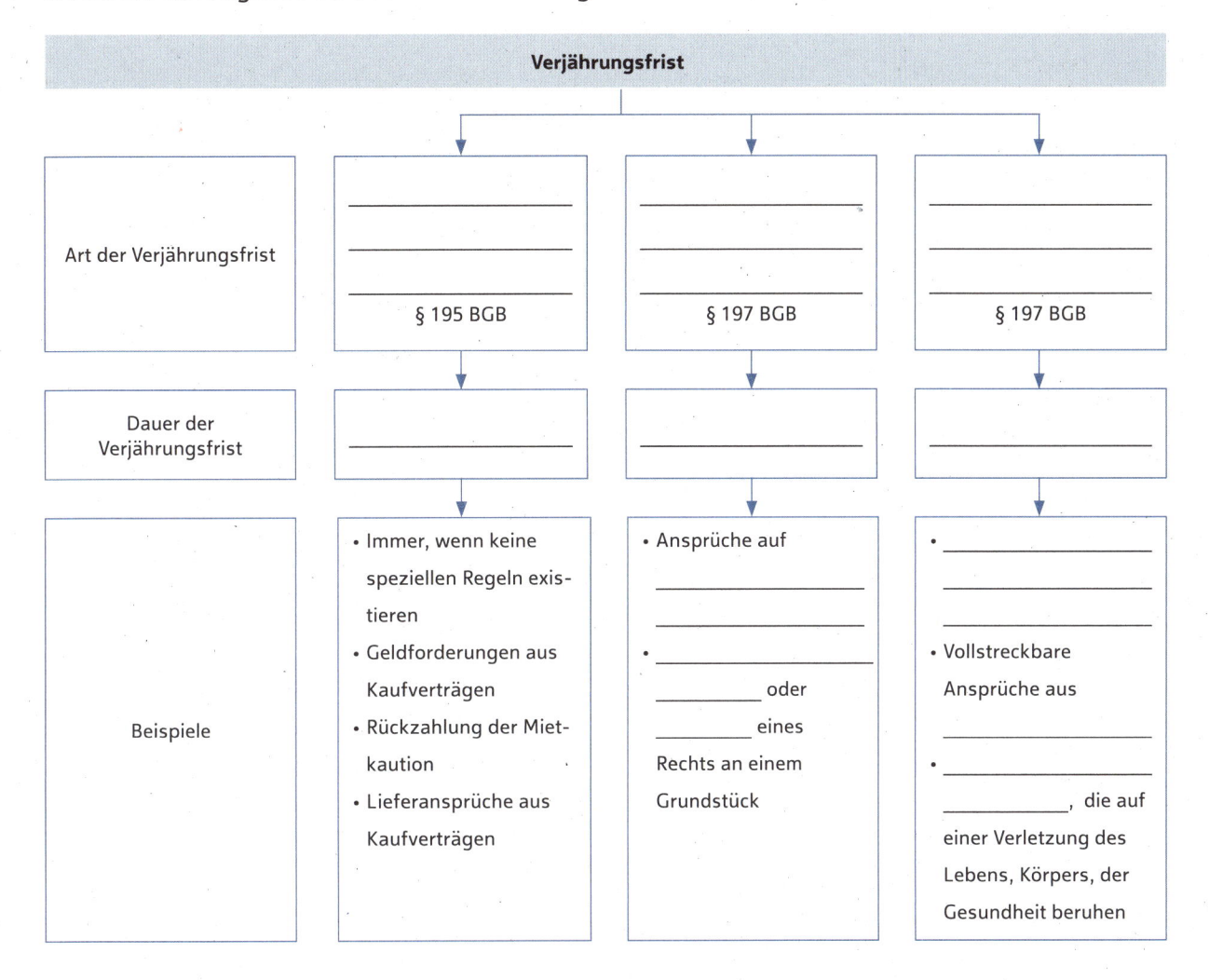

Verjährungsfrist			
Art der Verjährungsfrist	_____ _____ _____ § 195 BGB	_____ _____ _____ § 197 BGB	_____ _____ _____ § 197 BGB
Dauer der Verjährungsfrist	_____	_____	_____
Beispiele	• Immer, wenn keine speziellen Regeln existieren • Geldforderungen aus Kaufverträgen • Rückzahlung der Mietkaution • Lieferansprüche aus Kaufverträgen	• Ansprüche auf _____ _____ • _____ _____ oder _____ eines Rechts an einem Grundstück	• _____ _____ • Vollstreckbare Ansprüche aus _____ • _____ _____, die auf einer Verletzung des Lebens, Körpers, der Gesundheit beruhen

3. Verschaffen Sie sich mithilfe des § 199 BGB einen Überblick über die regelmäßige Verjährungsfrist und ihren Beginn sowie die Verjährungshöchstfristen, indem Sie das folgende Schaubild vervollständigen.

Regelmäßige Verjährungsfrist § 199 BGB

Voraussetzungen:

1. _____

2. Gläubiger hat Kenntnis von _____ _____ und der Person des Schuldners (er muss den Schuldner kennen) oder er hätte diese Kenntnisse ohne grobe Fahrlässigkeit erlangen müssen.

Beginn der regelmäßigen Verjährungsfrist: _____
_____

1 RECHTLICHE GRUNDLAGEN WIRTSCHAFTLICHEN HANDELNS

Verjährungshöchstfristen § 199 Abs. 2, 3 und 4 BGB

Ohne Rücksicht auf _____ und _____ oder _____ verjähren

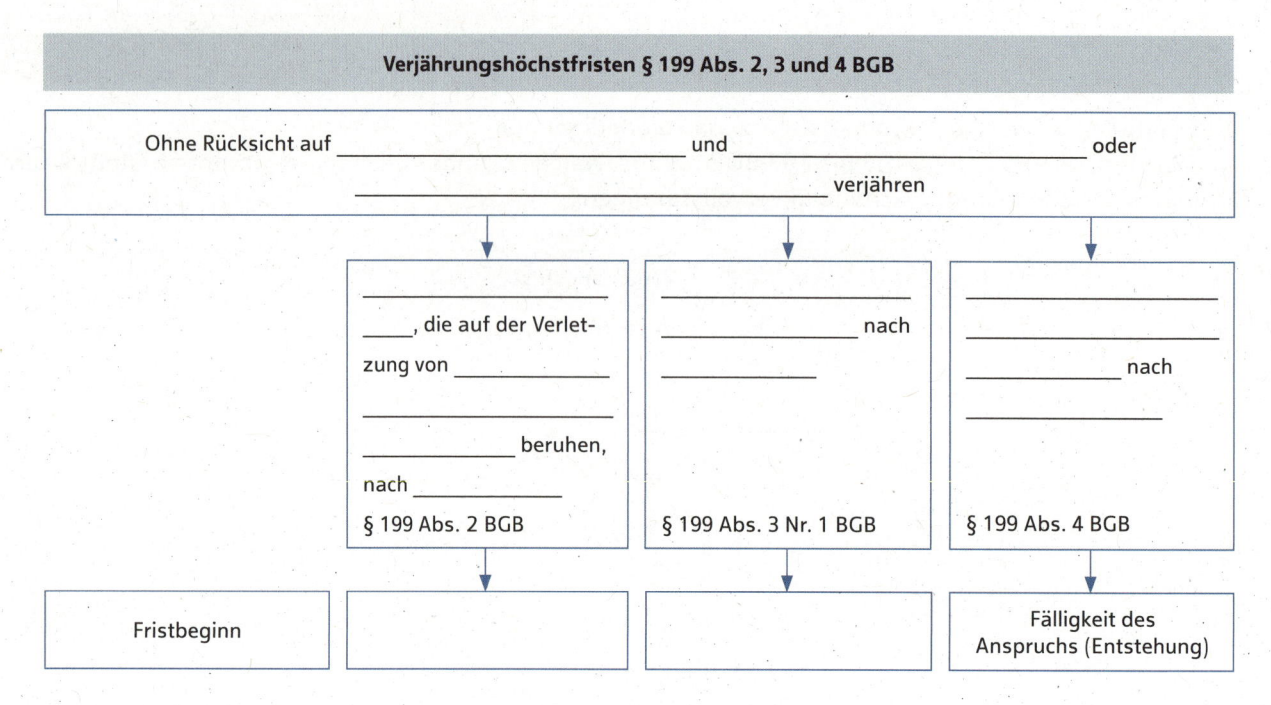

_____, die auf der Verletzung von _____ _____ beruhen, nach _____
§ 199 Abs. 2 BGB

_____ nach _____
§ 199 Abs. 3 Nr. 1 BGB

_____ _____ nach _____
§ 199 Abs. 4 BGB

Fristbeginn | | | Fälligkeit des Anspruchs (Entstehung)

4. Geben Sie mit eigenen Worten wieder, was man unter „Verjährung" versteht und was das Ziel der Verjährung ist.
5. Geben Sie mithilfe der Informationen Ihres Lehrbuchs an, welche Gründe für eine Hemmung der Verjährung vorliegen können.
6. Geben Sie mithilfe von § 209 BGB an, welche Wirkung eine Hemmung der Verjährung hat. Beschreiben Sie die Wirkung mit eigenen Worten.
7. Arbeiten Sie aus § 212 BGB heraus, wann die Verjährungsfrist neu beginnt.
8. Prüfen Sie mithilfe des Gesetzestextes genau, ob die Forderung der Hoffmann KG gegenüber der Gebert GmbH am 12.08.2024 bereits verjährt ist. Geben Sie in Ihrer Antwort die Gesetzesstellen, das Fristende und die Bedeutung Ihres Ergebnisses für die Hoffmann KG an.
9. Prüfen Sie mithilfe des Gesetzestextes genau, ob die Forderung der Hoffmann KG gegenüber dem Randalierer am 12.08.2024 bereits verjährt ist. Geben Sie in Ihrer Antwort die Gesetzesstellen, das Fristende und die Bedeutung Ihres Ergebnisses für die Hoffmann KG an. Unterscheiden Sie zwischen der regelmäßigen Verjährungsfrist und der besonderen/absoluten Verjährungsfrist.
10. Prüfen Sie mithilfe des Gesetzestextes genau, ob die Forderung der Hoffmann KG gegenüber Frau Britton am 12.08.2024 bereits verjährt ist. Geben Sie in Ihrer Antwort die Gesetzesstellen, das Fristende und die Bedeutung Ihres Ergebnisses für die Hoffmann KG an.
11. Bereiten Sie Ihre Arbeitsergebnisse für Herrn Frank in jeweils einem Schaubild pro Sachverhalt auf, damit Sie ihm die Lösungen möglichst anschaulich und schnell präsentieren können.

Vertiefungs- und Anwendungsaufgabe

Situation

Ein Herrenausstatter, welcher auf Bräutigammoden spezialisiert ist, hat am 23.10.2021 im Laden der Hoffmann KG fünf sehr teure Anzugkombinationen mit Hemd, Weste und Krawatte des Models „Robert P." für 1.199,00 € gekauft. Leider ist auch dieser gute Herr „durchgerutscht", da der Umsatz nicht im System landete. Die Hoffmann KG hat ihn bereits am 17.02.2024 angeschrieben und er hat mit Schreiben vom 21.02.2024 um eine Stundung gebeten, bis das Hochzeitsgeschäft abgeschlossen wäre, da er dann wieder über eine bessere Liquidität verfügt. Dies wird voraussichtlich im September dieses Jahres sein.

Prüfen Sie mithilfe des Gesetzestextes genau, ob die Forderung der Hoffmann KG aus dem Kauf der Anzüge gegenüber dem Kunden am 12.08.2024 bereits verjährt ist. Geben Sie in Ihrer Antwort die Gesetzesstellen, das Fristende und die Bedeutung Ihres Ergebnisses für die Hoffmann KG an.

2 Wirtschaftliche Grundtatbestände

2.1 Wir erkennen die Bedürfnisse eines Marktes nach Gütern und Dienstleistungen

Handlungssituation

Herr Staub, Abteilungsleiter der Abteilung Verkauf, hat vor einigen Monaten eine Marktforschungsstudie bei dem Marktforschungsinstitut „MAFO-Markt" in Auftrag gegeben. Ziel dieser Studie war es herauszufinden, wie die Bedürfnisse und die Absatzmöglichkeiten der Textilgroßhandlung Hoffmann KG in dem potenziellen neuen Markt in Österreich sind.

Herr Staub möchte die Zahlen mit Praktikantin Carolin Saager und Praktikant Dominik Schlote besprechen, die gerade in seiner Abteilung Verkauf eingesetzt sind.

Herr Staub: „Heute will ich mit Ihnen die Auswertungsergebnisse der Marktforschungsstudie ‚Österreich' des Marktforschungsinstituts ‚MAFO-Markt' besprechen. Hier liegen sehr interessante Informationen vor."

Carolin: „Was hat sich denn da ergeben?"

Herr Staub: „Unsere Edelmarke ‚Noblement', die Produkte für die Abendgarderobe der ‚anspruchsvollen Dame' und des ‚anspruchsvollen Herrn' beinhaltet, scheint den Österreicherinnen und Österreichern zu gefallen. Sie haben nicht nur ein Bedürfnis nach diesen Textilien, sondern auch den entsprechenden Bedarf geäußert. Auch wenn Bedarf besteht, heißt das aber noch nicht, dass wir das Produkt auch tatsächlich verkaufen."

Dominik: „Gibt es denn noch weitere Erkenntnisse aus der Studie?"

Herr Staub: „Ja, neben den guten Absatzmöglichkeiten für unsere Produkte bzw. Güter, d. h. für unsere Textilien, ist auch eine hohe Dienstleistungsqualität gefragt."

Carolin: „Was meinen Sie denn mit Dienstleistungsqualität?"

Herr Staub: „Nun ja, die österreichischen Großhändler scheinen noch mehr Wert auf eine gute Serviceleistung insgesamt zu legen, als es in Deutschland von unserer Kundschaft gefordert wird.
Daher sollen Sie beide nun Beispiele für Bedürfnisse und den daraus resultierenden Bedarf der Österreicherinnen und Österreicher herausarbeiten und mögliche, von den (Großhandels-)Kunden geforderte Servicedienstleistungen in diesem potenziellen neuen Markt erkennen.
Wir denken übrigens bereits darüber nach, die Produktpalette von ‚Noblement' zu erweitern. Auch Sie im Praktikum können sich ja mal Gedanken machen, welche Erweiterungsmöglichkeiten es geben könnte. Die Absatzmöglichkeiten dieser neuen Artikel sollen dann in einer weiteren Marktforschungsstudie erforscht werden."

2 WIRTSCHAFTLICHE GRUNDTATBESTÄNDE

Handlungsaufgaben

1. Führen Sie an, welche Probleme Carolin und Dominik klären müssen.
2. Carolin und Dominik bekommen von Herrn Staub zunächst den Auftrag, mögliche Bedürfnisse der Hoffmann KG nach ihrer Dringlichkeit zu unterscheiden. Er erläutert den beiden, dass die Dringlichkeit eines Bedürfnisses subjektiv unterschiedlich ist. So unterscheiden sich beispielsweise die Bedürfnisse der Hoffmann KG von den Bedürfnissen von Carolin und Dominik.
   a) Finden Sie jeweils zwei Beispiele für verschiedene Bedürfnisse der Hoffmann KG sowie für verschiedene Bedürfnisse von Carolin und Dominik.

Bedürfnis	Hoffmann KG	Carolin und Dominik
Existenzbedürfnisse		
Kulturbedürfnisse		
Luxusbedürfnisse		

   b) Aus der Marktforschungsstudie ist zu erkennen, dass die Edelmarke „Noblement" den Kunden der Hoffmann KG gefällt. Welche der in a) genannten Bedürfnisarten wird hier bei den österreichischen Kunden angesprochen?
3. In der Marktforschungsstudie „Österreich" wurde nicht nur das Bedürfnis, sondern auch ein Bedarf nach der Edelmarke „Noblement" festgestellt.
   Erläutern Sie den Unterschied zwischen den Bedürfnissen der Kunden, deren Bedarf und der sich daraus resultierenden Nachfrage am Beispiel des Produkts Edelmarke „Noblement" der Hoffmann KG in Österreich.
4. Die Edelmarke „Noblement" beinhaltet momentan Produkte für die Abendgarderobe der „anspruchsvollen Dame" und des „anspruchsvollen Herrn".
   a) Erklären Sie, worin sich freie Güter von knappen Gütern unterscheiden.
   b) Geben Sie an, welcher Güterart Sie die Edelmarke „Noblement" zuordnen würden.
   c) Herr Staub von der Hoffmann KG denkt auch darüber nach, die Produktpalette der Edelmarke „Noblement" zu erweitern.
   Nennen Sie weitere Artikel, die zur Produktpalette der Edelmarke „Noblement" für die Dame und den Herrn ergänzt werden können.
5. Das Marktforschungsinstitut „MAFO-Markt" hat festgestellt, dass in Österreich besonderer Wert auf die Dienstleistungsqualität gelegt wird.
   a) Geben Sie an, welcher Güterart Sie die Dienstleistungen zuordnen würden.
   b) Welche Dienstleistungen kann die Hoffmann KG bezüglich der Edelmarke „Noblement" anbieten, um die Absatzmöglichkeiten bei ihren Kunden (Großhandlungen) zu steigern? Nennen Sie drei Dienstleistungen und erläutern Sie kurz, welche Vorteile die Kunden durch die genannte Maßnahme haben.

Dienstleistung/Maßnahme	Erläuterung/Vorteile

2.1 WIR ERKENNEN DIE BEDÜRFNISSE EINES MARKTES NACH GÜTERN UND DIENSTLEISTUNGEN

Vertiefungs- und Anwendungsaufgaben

1. Herr Staub möchte von Carolin und Dominik wissen, was sie unter Bedarf verstehen. Helfen Sie ihnen. Unter Bedarf versteht man …

   a) Bedürfnisse, die sich nach den individuellen Ansprüchen richten.
   b) Bedürfnisse, denen ein Angebot gegenübersteht.
   c) Bedürfnisse, für deren Befriedigung Sachgüter oder Dienstleistungen zur Verfügung stehen.
   d) Bedürfnisse, für deren Befriedigung Kaufkraft vorhanden ist.
   e) Bedürfnisse, die durch Werbung entstehen.

2. Carolin und Dominik haben von ihren Kolleginnen und Kollegen verschiedene Aussagen zu Bedürfnissen gehört.
   Kreuzen Sie an: Welche Aussagen sind richtig?

   a) Die Kulturbedürfnisse sind bei allen Menschen gleich.
   b) Die Bedürfnisse der Menschen sind persönliche Mangelempfindungen.
   c) Die Bedürfnisbefriedigung eines Menschen ist nur mit materiellen Gütern möglich.
   d) Die Summe aller Bedürfnisse entspricht der volkswirtschaftlichen Nachfrage.
   e) Die Summe aller Existenzbedürfnisse eines Menschen wird als sein Bedarf bezeichnet.

3. Außerdem haben sich die Kolleginnen und Kollegen von Carolin und Dominik zu Gütern geäußert.
   a) Kreuzen Sie an: Welche Aussage zu Gütern im Allgemeinen ist richtig?

   a) Der Anteil der freien Güter an den Gesamtgütern erhöhte sich durch die Zunahme der Bevölkerung.
   b) Verbrauchsgüter haben eine längere Nutzungsdauer als Gebrauchsgüter.
   c) Freie Güter gehören zu den immateriellen Gütern.
   d) Konsum- und Produktionsgüter können Gebrauchs- oder Verbrauchsgüter sein.
   e) Patente und Lizenzen gehören zu den materiellen Gütern.

   b) Entscheiden Sie: Welche Aussage zu immateriellen Gütern ist richtig?

   a) Sie können z. B. als Patent oder Lizenz bei der Produktion von Sachgütern eingesetzt werden.
   b) Sie müssen patentiert werden.
   c) Sie werden üblicherweise in Verbrauchs- und Gebrauchsgüter unterteilt.
   d) Sie sind grundsätzlich freie Güter.
   e) Sie stehen nur befristet zur Verfügung und sind deshalb Verbrauchsgüter.

4. Es gibt verschiedene Einteilungsmöglichkeiten der Bedürfnisse: nach der Dringlichkeit, nach Art bzw. Träger des Bedürfnisses und nach der Fassbarkeit.
   a) Erklären Sie die einzelnen Bedürfnisse mit eigenen Worten.
   b) Nennen Sie zu allen Einteilungsmöglichkeiten mindestens drei Beispiele.

Einteilung der Bedürfnisse		
nach der Dringlichkeit		
Existenzbedürfnisse	Kulturbedürfnisse	Luxusbedürfnisse
Erklärung		
Beispiele		
nach Art bzw. Träger		
Individualbedürfnisse		Kollektivbedürfnisse
Erklärung		
Beispiele		
nach der Fassbarkeit		
materielle Bedürfnisse		immaterielle Bedürfnisse
Erklärung		
Beispiele		

5. Beantworten Sie folgende Fragen zu den Grundlagen wirtschaftlichen Handelns.
  a) Welche Maßnahmen ergreifen Unternehmen, um unbewusste (latente) Bedürfnisse ihrer potenziellen Kunden zu wecken?
  b) Warum werden nicht alle vorhandenen Bedürfnisse befriedigt?
  c) Sie haben zwei Bedürfnisse, können aber nur eins befriedigen. Wovon hängt Ihre Entscheidung ab, welches Bedürfnis Sie befriedigen?

2.2 Wir unterscheiden betriebliche und volkswirtschaftliche Produktionsfaktoren unter Beachtung ökonomischer Prinzipien

Handlungssituation

Die Hoffmann KG konnte in den letzten Jahren ihren Umsatz im Fahrradsegment deutlich steigern. Durch Produkterneuerungen und -erweiterungen wurden neue Märkte erschlossen.

Daher planen die Kommanditistin Frau Hahne und der Kommanditist Herr Hoffmann den Kauf eines Grundstücks in einem Industriegebiet in Hildesheim, um den gestiegenen Absatz nach Fahrrädern bewältigen zu können.

Frau Hahne und Herr Hoffmann möchten zunächst analysieren, welche **volkswirtschaftlichen Produktionsfaktoren** notwendig sind, damit das neue Gebäude errichtet werden kann. Hier benötigen die beiden Beispiele, um die Notwendigkeit des Neubaus usw. vor den Abteilungsleiterinnen und Abteilungsleitern besser zu veranschaulichen.

Des Weiteren ist ihnen auch wichtig zu erkennen, welche **betriebswirtschaftlichen Produktionsfaktoren** später bei der Fahrradproduktion benötigt werden. Dabei legen die beiden sehr viel Wert darauf, dass die Anschaffungen der verschiedenen Produktionsfaktoren unter Beachtung der **ökonomischen Prinzipien** durchgeführt werden.

Frau Hahne beauftragt daher Katarzyna Popov und Volkan Karaca damit, die Unterschiede der verschiedenen Produktionsfaktoren herauszustellen und die ökonomischen Prinzipien beim Erwerb von Produktionsfaktoren an verschiedenen Beispielen anzuwenden. So können Frau Hahne und Herr Hoffmann dann in der geplanten Konferenz mit den Abteilungsleitungen die geplante Investition besser veranschaulichen.

Handlungsaufgaben

1. Erläutern Sie, welche Fragen Katarzyna und Volkan klären müssen.
2. Katarzyna und Volkan beschäftigen sich im ersten Schritt mit dem komplexen Begriff „Produktionsfaktoren".
    a) Unter den volkswirtschaftlichen Produktionsfaktoren gibt es originäre (ursprüngliche) und derivative (abgeleitete) Produktionsfaktoren. Erklären Sie diese beiden Begriffe.
    b) Erstellen Sie eine Liste mit sechs volkswirtschaftlichen Produktionsfaktoren, die für die Errichtung eines Produktions- und Lagergebäudes bei der Hoffmann KG notwendig sind. Nehmen Sie hier auch eine Zuordnung der unterschiedlichen Arten von Produktionsfaktoren vor.

Produktionsfaktor	Art des Produktionsfaktors

2 WIRTSCHAFTLICHE GRUNDTATBESTÄNDE

Produktionsfaktor	Art des Produktionsfaktors

c) Erstellen Sie eine Liste mit sechs betriebswirtschaftlichen Produktionsfaktoren, die für die Herstellung von Fahrrädern bei der Hoffmann KG notwendig sind. Nehmen Sie hier auch eine Zuordnung der unterschiedlichen Arten von Produktionsfaktoren vor.

Produktionsfaktor	Art des Produktionsfaktors

3. Katarzyna und Volkan sollen nun auf Basis der beiden Listen aus Aufgabe 2b (volkswirtschaftliche Produktionsfaktoren) und 2c (betriebswirtschaftliche Produktionsfaktoren) an Beispielen Ideen entwickeln, wie die Hoffmann KG mit diesen ausgewählten Produktionsfaktoren nach Maßgabe der ökonomischen Prinzipien umgehen sollte.
   a) Definieren Sie das Minimalprinzip und das Maximalprinzip.
   b) Entwickeln Sie anhand der in Aufgabe 2b und 2c aufgestellten Produktionsfaktoren insgesamt acht Möglichkeiten/Beispiele, wie die Hoffmann KG die Produktionsfaktoren
      I. nach dem Minimalprinzip und
      II. nach dem Maximalprinzip
      einsetzen können (z. B. beim Einkauf).

Produktionsfaktor	Minimalprinzip	Maximalprinzip

2.2 WIR UNTERSCHEIDEN BETRIEBLICHE UND VOLKSWIRTSCHAFTLICHE PRODUKTIONSFAKTOREN

Produktionsfaktor	Minimalprinzip	Maximalprinzip

Vertiefungs- und Anwendungsaufgaben

1. „Die steigenden Bedürfnisse ehemaliger Entwicklungsländer sind eine Ursache für das Spannungsfeld zwischen Ökonomie und Ökologie."
   Erläutern Sie diese Aussage. Wie könnte dieses Spannungsfeld Ihrer Meinung nach gelöst werden?
2. Begründen Sie, warum in der wissenschaftlichen Literatur häufig die Bildung als vierter derivativer Produktionsfaktor aufgenommen worden ist.
3. Bei der Hoffmann KG werden verschiedene Produktionsfaktoren eingesetzt, die nachfolgend dargestellt sind:

Ziffer	Produktionsfaktor
1	die neue Produktionshalle
2	ein langfristig aufgenommenes Darlehen
3	Schmierstoffe für die Produktionsmaschinen
4	die Tätigkeit der Praktikantin Katarzyna und des Praktikanten Volkan
5	das Einräumen eines Zahlungsziels für den Kunden Meyermann
6	die Tätigkeit des Verkaufsleiters
7	die Tätigkeit des Auslieferungsfahrers

Ordnen Sie zu, indem Sie die Ziffern von 3 der insgesamt 7 Beispiele für Produktionsfaktoren in die Kästchen der folgenden Tabelle zu den betriebswirtschaftlichen Produktionsfaktoren der Hoffmann KG eintragen.

Ziffer	betriebswirtschaftlichen Produktionsfaktoren
	a) Betriebsmittel
	b) Werkstoffe
	c) dispositive Arbeit

4. Katarzyna soll den betriebswirtschaftlichen Produktionsfaktor „Betriebsmittel" einer der fünf Angaben zur Produktion in der Hoffmann KG zuordnen.
   Helfen Sie ihr, indem Sie den richtigen Begriff ankreuzen.

	a) Rahmen für die Fahrradherstellung
	b) Produktionsmaschinen

2 WIRTSCHAFTLICHE GRUNDTATBESTÄNDE

c)	Stoffe für den Textilgroßhandel
d)	fertige Fahrräder für den Verkauf
e)	Strom für die Fahrradherstellung

5. Ein Kunde der Hoffmann KG bestellt 100 Fahrräder. Frau Vosges als Mitarbeiterin der Abteilung Verkauf vereinbart mit dem Kunden für diesen Auftrag einen Festpreis von 50.000,00 €.
   Entscheiden Sie: Mit welcher Handlungsweise handelt die Hoffmann KG nach dem Minimalprinzip?

a)	Wenn aus 100 kg Stahl möglichst viele Fahrradrahmen hergestellt werden.
b)	Wenn sich bei der Fertigung dieser 100 Fahrräder die Ausschussquote leicht erhöht.
c)	Wenn durch den geringstmöglichen Maschinenstillstand möglichst viele Fahrräder hergestellt werden.
d)	Wenn zur Fertigung dieser 100 Fahrräder möglichst wenig Arbeitskräfte benötigt werden.
e)	Wenn durch den geringstmöglichen Stromverbrauch möglichst viele Fahrräder hergestellt werden.

6. Entscheiden Sie: In welchem Fall handelt Herr Staub, Abteilungsleiter Verkauf der Hoffmann KG, nach dem Minimalprinzip?

a)	Herr Staub bestellt einen neuen PC beim preisgünstigsten Anbieter.
b)	Herr Staub setzt den Preis der Ware sehr hoch an.
c)	Herr Staub strebt in diesem Monat bei gleicher Kostenvorgabe mindestens 5 % mehr Umsatz an.
d)	Herr Staub gewährt eine kostenlose Serviceleistung.
e)	Herr Staub will möglichst viele Kunden gewinnen.

7. Kreuzen Sie an: In welchem Fall handelt die Hoffmann KG nach dem ökonomischen Prinzip als Maximalprinzip?

a)	Wenn die Hoffmann KG zur Fertigung von 100 Fahrrädern möglichst wenig Material verbraucht.
b)	Wenn die Hoffmann KG aus 100 kg Stahl möglichst viele Fahrradrahmen hergestellt.
c)	Wenn die Hoffmann KG mit möglichst wenig Energie möglichst viele Fahrräder herstellt.
d)	Wenn die Hoffmann KG durch eine erhebliche Preissenkung den Umsatz für Fahrräder steigert.
e)	Wenn die Hoffmann KG einen maximalen Werbeerfolg mit minimalem Werbeaufwand anstrebt.

2.3 Wir erkennen den Wirtschaftskreislauf als ein Modell der Volkswirtschaft

Handlungssituation

Die Hoffmann KG konnte in den letzten Jahren ihren Umsatz deutlich steigern. Nicht nur der Export in neue Länder wie nach Österreich und in die Schweiz ist dazugekommen, auch im Inland konnten durch Produkterneuerungen und -erweiterungen neue Märkte erschlossen werden. Daher muss das Unternehmen erweitert werden.

Katarzyna Popov bekommt von der Ausbildungsleiterin Frau Schneider einen hausinternen Bericht vorgelegt:

2.3 WIR ERKENNEN DEN WIRTSCHAFTSKREISLAUF ALS EIN MODELL DER VOLKSWIRTSCHAFT

> **Hohe Nachfrage erfordert Unternehmenserweiterung**
>
> Wir müssen uns aufgrund einer verstärkten Nachfrage und den damit verbundenen notwendigen Unternehmenserweiterungen auf Investitionen sowohl am Hauptstandort als auch an den Standorten verschiedener Filialen einstellen. Momentan läuft gerade eine Evaluierung über die Höhe der zu tätigen Investitionen.
>
> Das Geld für die geplanten Investitionen soll aus dem Eigenkapital, aber auch von verschiedenen anderen Sektoren des Wirtschaftskreislaufs kommen.

Daraufhin stellt Katarzyna ein paar Fragen an Frau Schneider.

Katarzyna: „Frau Schneider, können Sie mir sagen, was ein Wirtschaftskreislauf ist und was die verschiedenen Sektoren bedeuten, die in dem Bericht genannt wurden?"

Frau Schneider: „Das sind unter anderem Haushalte und Unternehmen. Im erweiterten Wirtschaftskreislauf kommen dann auch noch die Sektoren Staat, Banken und das Ausland dazu."

Katarzyna: „Also holt sich die Hoffmann KG von all diesen Sektoren das Geld für die Investition?"

Frau Schneider: „So einfach ist das nicht. Man muss hier zwischen einem Geld- und einem Güterstrom unterscheiden. Die Beziehungen der Sektoren im Wirtschaftskreislauf ist Basiswissen eines Kaufmanns bzw. einer Kauffrau. Sie sollten sich hier erst einmal informieren …"

Handlungsaufgaben

1. Führen Sie auf, welche Probleme Katarzyna klären muss.
2. Um sich die Beziehungen zwischen den einzelnen Wirtschaftssektoren klarzumachen, beschäftigt sich Katarzyna als Erstes mit dem einfachen Wirtschaftskreislauf.
   a) Erklären Sie mit eigenen Worten, was Sie unter den Sektoren *Unternehmen* und *private Haushalte* verstehen. Nennen Sie hier ein Beispiel aus dem Umfeld der Hoffmann KG.
   b) Katarzyna soll nun den Geld- und Güterstrom im einfachen Wirtschaftskreislauf darstellen, indem sie diese Ströme mit je einem Beispiel aus dem Umfeld der Hoffmann KG veranschaulicht.
   Stellen Sie fest, ob die vorgegebenen Begriffe den Geld- oder Güterstrom betreffen, und finden Sie zu jedem Begriff zusammenhängende Beispiele, die den einfachen Wirtschaftskreislauf verdeutlichen.

		Geld- oder Güterstrom	Beispiel
a)	(Konsum-)Güter und Dienstleistungen		
b)	Konsumausgaben (C)		
c)	Einkommen (Y)		
d)	Faktorleistungen		

   c) Stellen Sie den einfachen Wirtschaftskreislauf dar, indem Sie die Beispiele aus Aufgabe 2b an die entsprechenden Pfeile schreiben. Verdeutlichen Sie den Geldkreislauf mit roter Farbe und den Güterkreislauf mit grüner Farbe.

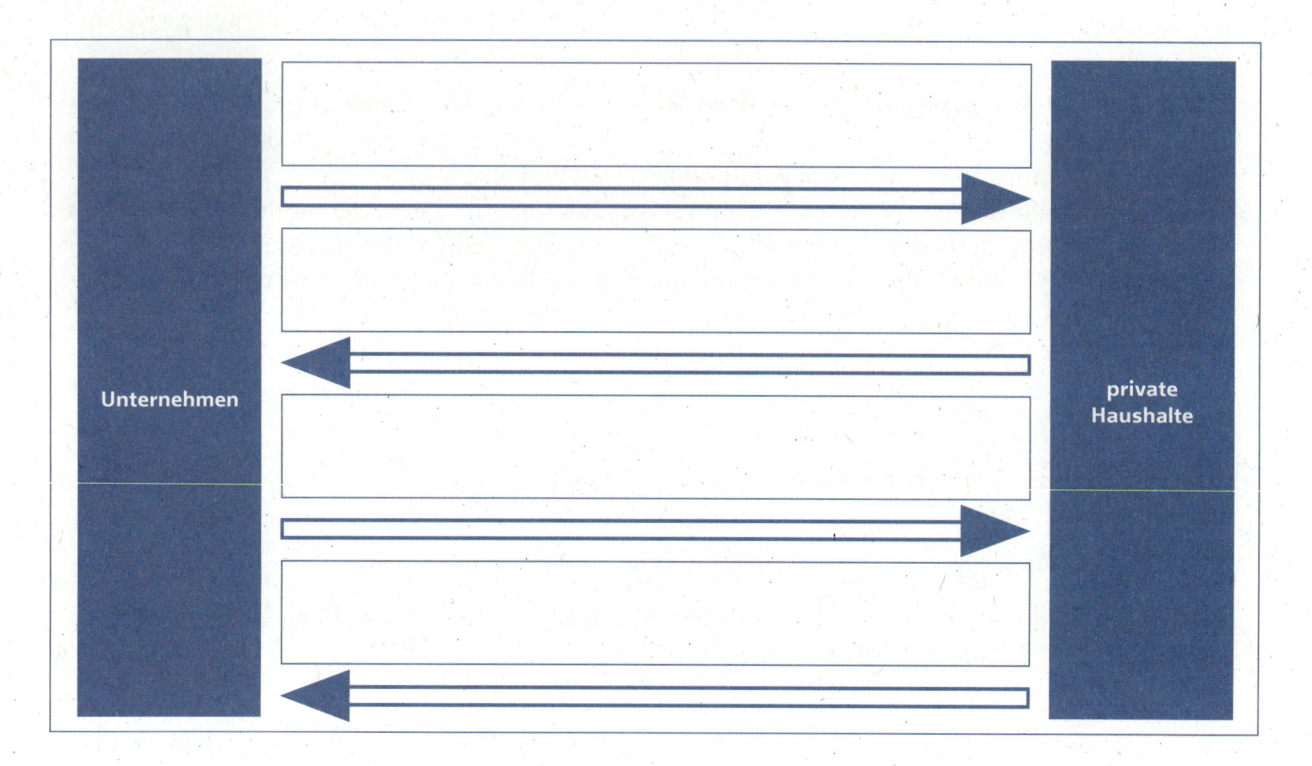

2 WIRTSCHAFTLICHE GRUNDTATBESTÄNDE

[Schaubild: einfacher Wirtschaftskreislauf zwischen Unternehmen und privaten Haushalten – leere Beschriftungsfelder]

3. Frau Schneider legt Katarzyna ein Schaubild zum erweiterten Wirtschaftskreislauf vor.

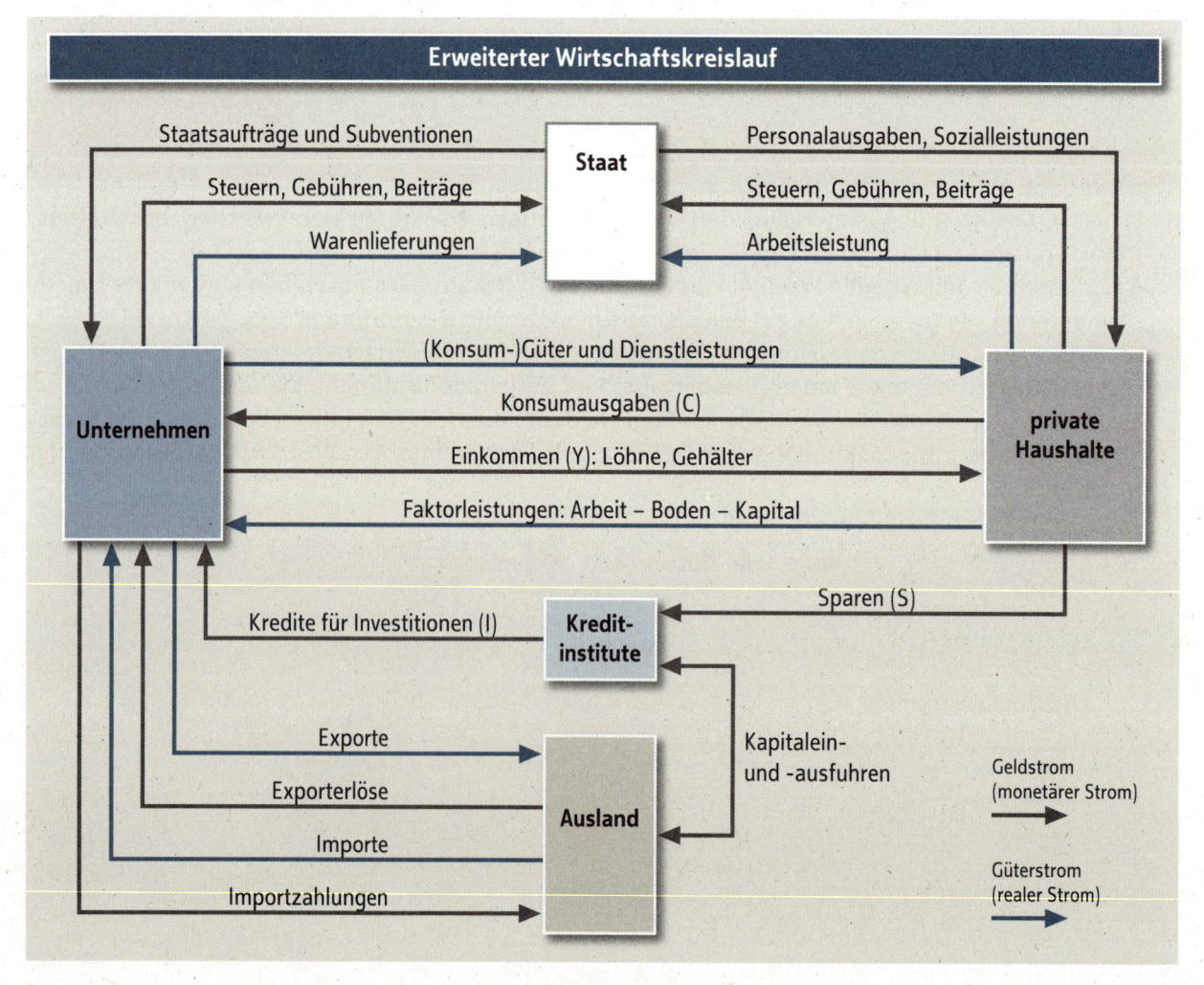

Erweiterter Wirtschaftskreislauf

- Staatsaufträge und Subventionen
- Steuern, Gebühren, Beiträge
- Warenlieferungen
- **Staat**
- Personalausgaben, Sozialleistungen
- Steuern, Gebühren, Beiträge
- Arbeitsleistung

- (Konsum-)Güter und Dienstleistungen
- Konsumausgaben (C)
- Einkommen (Y): Löhne, Gehälter
- Faktorleistungen: Arbeit – Boden – Kapital

Unternehmen ↔ **private Haushalte**

- Sparen (S)
- Kredite für Investitionen (I)
- **Kreditinstitute**

- Exporte
- Exporterlöse
- Importe
- Importzahlungen
- Kapitalein- und -ausfuhren
- **Ausland**

Geldstrom (monetärer Strom) →
Güterstrom (realer Strom) →

a) Definieren Sie die Begriffe *Kreditinstitute*, *Staat* und *Ausland* in Zusammenhang mit dem erweiterten Wirtschaftskreislauf. Nennen Sie je ein Beispiel aus dem Umfeld der Hoffmann KG.

b) Erläutern Sie, welche Vorteile ein offener Wirtschaftskreislauf für die Hoffmann KG hat.

2.3 WIR ERKENNEN DEN WIRTSCHAFTSKREISLAUF ALS EIN MODELL DER VOLKSWIRTSCHAFT

c) Erläutern Sie am Beispiel der Hoffmann KG und/oder deren Beschäftigten, wie die durch Pfeil dargestellten Beziehungen (vgl. Abbildung Seite 52) zwischen verschiedenen Sektoren stattfinden könnten. Kennzeichnen Sie dabei auch, ob es sich hier um einen Geld- oder Güterstrom handelt.

Beziehung zwischen ...	Beispiele
a) ... Unternehmen und Staat	
b) ... privaten Haushalten und Staat	
c) ... Kreditinstituten und privaten Haushalten	
d) ... Kreditinstituten und Unternehmen	
e) ... Unternehmen und Ausland	

Vertiefungs- und Anwendungsaufgaben

1. Lesen Sie die nachfolgende Situation. Ordnen Sie die 14 fett gedruckten Begriffe des Textes der nachfolgenden Grafik zum erweiterten Wirtschaftskreislauf zu.

Situation

Der erweiterte Wirtschaftskreislauf lässt sich mit den Einnahmen und Ausgaben einer Familie darstellen. Als Beispiel soll die Familie Kerner dienen. Die drei Familienmitglieder sind:

- Hans Kerner, 45 Jahre alt, **(1) Schlosser** bei einem Autozulieferer in Darmstadt
- Gudrun Kerner, 44 Jahre alt, **(1) Kassiererin** bei einem Supermarkt in Weiterstadt
- Lena Kerner, 18 Jahre alt, **(1) Auszubildende** bei einem Industriebetrieb

Hans Kerner regt sich jeden Monat über die **(2) Steuern und Abgaben** in seiner **(3) Gehaltsabrechnung** auf. „Der Staat profitiert von uns und von meiner Firma, auch weil das Unternehmen nach **(4) Staatsauftrag** noch günstig ihre **(5) Autoteile liefert**. Als Dank muss auch das Unternehmen noch **(6) Steuern zahlen**". Lena erwidert ihrem Vater, dass sie auch vom Staat profitieren. „Im letzten Jahr habe ich während meiner Berufsfachschulzeit **(7) BAföG** bekommen."

Gudrun Kerner profitiert von ihrem Arbeitsplatz. Sie kauft zu Mitarbeiterpreisen beim Supermarkt ein und **(8) bezahlt mit einer Mitarbeiterkarte**. Dafür erhält sie täglich **(9) frische Ware**.

Familie Kerner hat aus einer Erbschaft ein Grundstück erhalten, das sie verpachtet, um ein paar Euro für die Haushaltskasse zu verdienen. Das **(10) Geld aus den Pachteinnahmen** will die Familie über ein Reisebüro für einen **(11) Urlaub in der Türkei** ausgeben. Hier sind tolle **(12) Hotels** und ein angenehmes Klima zu erwarten. Das Reisebüro bucht für Familie Kerner ein **(13) Doppel- und ein Einzelzimmer**.

Im Laufe der Jahre haben die Eheleute Kerner einige kleine Ersparnisse angesammelt, welche sie allerdings nicht ausgeben wollen. Sie möchten das **(14) Geld anlegen,** um eine Reserve für das Alter zu haben.

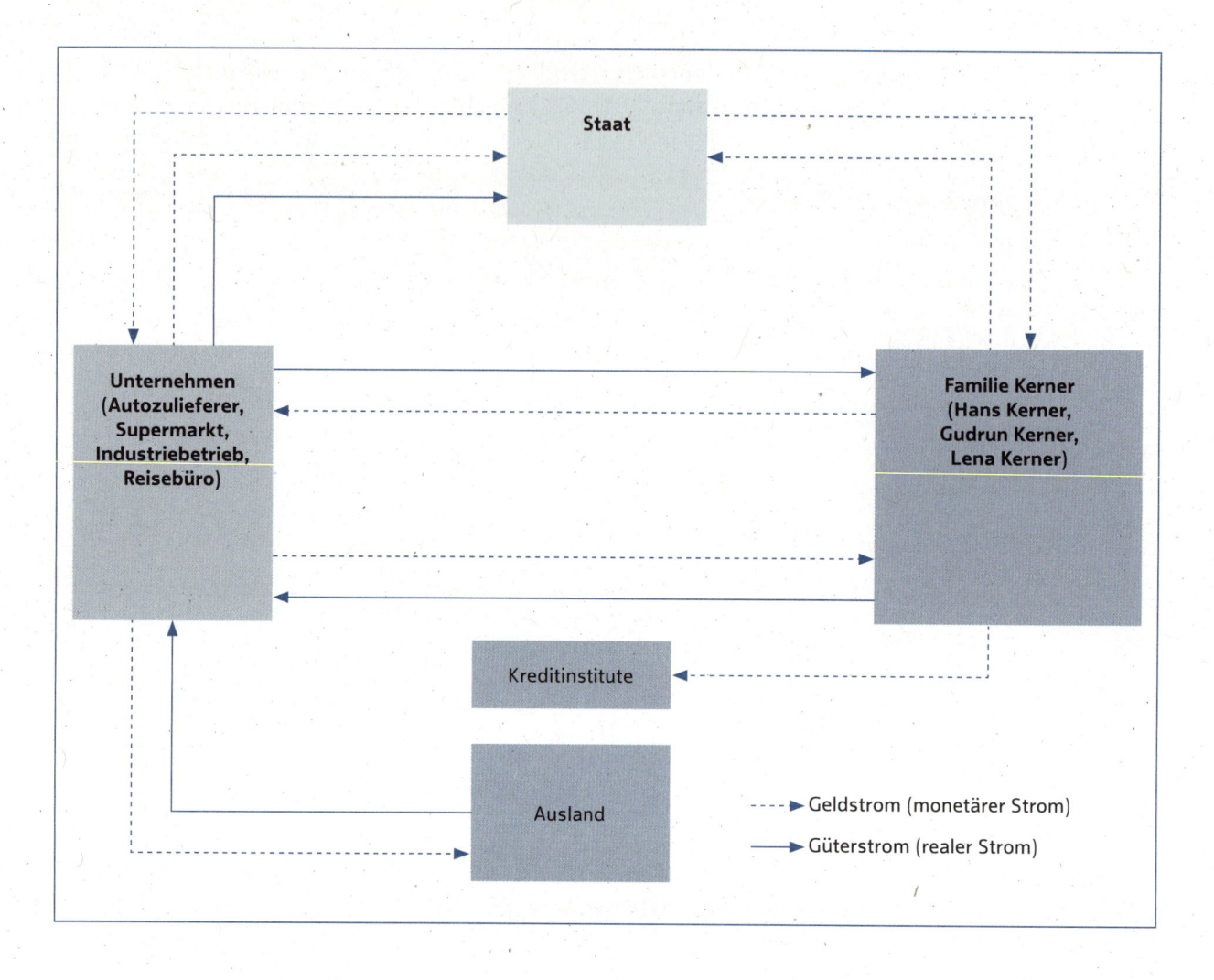

2 WIRTSCHAFTLICHE GRUNDTATBESTÄNDE

```
                        ┌─────────┐
                        │  Staat  │
                        └─────────┘

┌──────────────────┐                      ┌──────────────────┐
│   Unternehmen    │                      │  Familie Kerner  │
│ (Autozulieferer, │                      │  (Hans Kerner,   │
│   Supermarkt,    │                      │  Gudrun Kerner,  │
│ Industriebetrieb,│                      │   Lena Kerner)   │
│    Reisebüro)    │                      │                  │
└──────────────────┘                      └──────────────────┘

                    ┌───────────────┐
                    │ Kreditinstitute│
                    └───────────────┘

         ┌─────────┐
         │ Ausland │           ----▶ Geldstrom (monetärer Strom)
         └─────────┘           ────▶ Güterstrom (realer Strom)
```

2. Entscheiden Sie: Welche Aussage über den Wirtschaftskreislauf ist richtig?

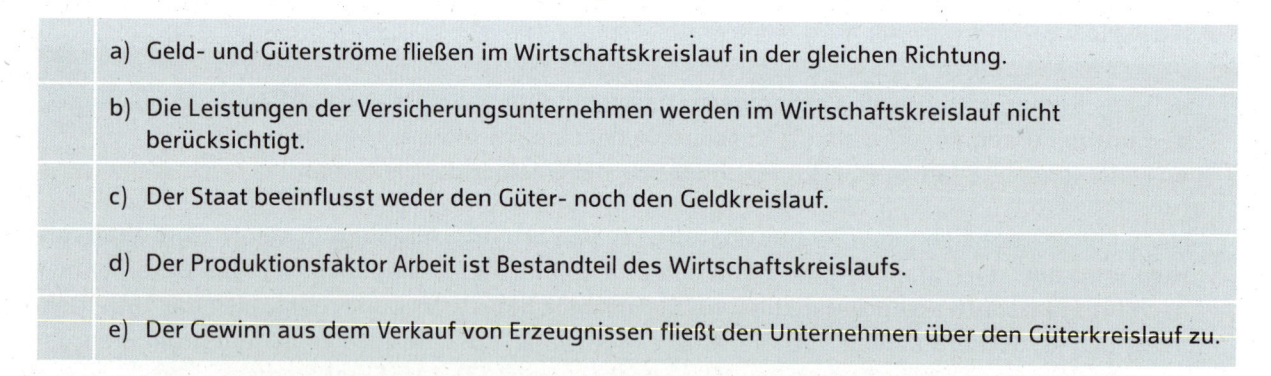

a)	Geld- und Güterströme fließen im Wirtschaftskreislauf in der gleichen Richtung.
b)	Die Leistungen der Versicherungsunternehmen werden im Wirtschaftskreislauf nicht berücksichtigt.
c)	Der Staat beeinflusst weder den Güter- noch den Geldkreislauf.
d)	Der Produktionsfaktor Arbeit ist Bestandteil des Wirtschaftskreislaufs.
e)	Der Gewinn aus dem Verkauf von Erzeugnissen fließt den Unternehmen über den Güterkreislauf zu.

3. Katarzyna hat die nachfolgenden fünf Aufzählungen von Begriffen bekommen.
Geben Sie an: Welche Zeile enthält vier Sektoren des erweiterten Wirtschaftskreislaufs?

a)	private Haushalte, Gebietskörperschaften, Staat, Ausland
b)	private Haushalte, Unternehmen, Staat, Ausland
c)	private Organisationen, Unternehmen, Inland, Ausland
d)	juristische Personen des privaten Rechts, Unternehmen, juristische Personen des öffentlichen Rechts, Ausland
e)	private Haushalte, öffentliche Haushalte, Banken, Nichtbanken

2.4 Wir erschließen die Stellung unseres Unternehmens in der arbeitsteiligen Wirtschaft

Handlungssituation

Carolin Saager und Volkan Karaca werden von der Ausbildungsleiterin Frau Schneider zu sich gerufen. Frau Schneider arbeitet gerade an einem neuen Flyer, den zukünftige neue Mitarbeitende der Hoffmann KG bekommen sollen, damit sie sich schneller im Unternehmen zurechtfinden.

Frau Schneider: „Sie sind jetzt seit einiger Zeit bei uns im Unternehmen. Ich möchte daher von Ihnen eine Aufstellung haben, in welchen Wirtschaftssektoren unser Unternehmen tätig ist. Berücksichtigen Sie dabei aber nicht nur die volkswirtschaftlichen Sektoren, sondern auch die Differenzierung innerhalb der Sektoren. Zeigen Sie auch auf, warum wir als Hoffmann KG von der Arbeitsteilung profitieren."

Carolin und Volkan haben von Frau Schneider außerdem noch eine Aufstellung mit weiteren Leitfragen bekommen. Die beiden sollen eine Übersicht entwerfen, auf der alle wesentlichen Inhalte zum Thema „Stellung der Hoffmann KG in der arbeitsteiligen Wirtschaft" aufgeführt sind.

Die zwei sehen sich verwundert an und wissen nicht, wie sie dieses Problem lösen sollen …

Handlungsaufgaben

1. Zählen Sie auf, welche Probleme Carolin und Volkan klären müssen.
2. Carolin hat herausgefunden, dass es drei bzw. vier volkswirtschaftliche Sektoren gibt, nämlich die Urerzeugung (Primärsektor), die Weiterverarbeitung (Sekundärsektor), den Dienstleistungsbereich (Tertiärsektor) und neuerdings auch den Informationssektor (vierter Sektor).
   a) Ordnen Sie die verschiedenen Betriebsbereiche der Hoffmann KG den volkswirtschaftlichen Sektoren zu.
   b) Stellen Sie am Beispiel der Fahrradproduktion der Hoffmann KG dar, wie ein Fahrrad die drei Wirtschaftsstufen in einer Volkswirtschaft durchläuft.

Wirtschaftsstufe	Erläuterung
Urerzeugung (Primärsektor),	
Weiterverarbeitung (Sekundärsektor)	
Dienstleistungsbereich (Tertiärsektor)	
Kauf des Fahrrads beim Einzelhändler durch Endverbraucher/-innen	

3. Volkan hat gelesen, dass bei der Fahrradproduktion eine arbeitsteilige Herstellung eines Fahrrads stattfindet, der sogenannten volkswirtschaftlichen Arbeitsteilung. Er hat aber auch festgestellt, dass es eine berufliche sowie betriebliche Arbeitsteilung gibt, die auch bei der Hoffmann KG anzutreffen ist.

2 WIRTSCHAFTLICHE GRUNDTATBESTÄNDE

a) Führen Sie auf, welche Formen der beruflichen und betrieblichen Arbeitsteilung bei der Hoffmann KG anzutreffen sind. Gehen Sie dabei auch auf Berufsbildung und Berufsspaltung sowie auf die Arbeitszerlegung ein.

berufliche Arbeitsteilung	betriebliche Arbeitsteilung

b) Erläutern Sie, welche Vorteile die berufliche und betriebliche Arbeitsteilung der Hoffmann KG bringen.

c) Nennen Sie je drei Nachteile, die eine Arbeitsteilung für die Hoffmann KG und deren Mitarbeitende haben kann.

4. Die Hoffmann KG hat mit unterschiedlichen Anspruchsgruppen zu tun. Anspruchsgruppen sind interne und externe Gruppen, die von den unternehmerischen Aktivitäten der Hoffmann KG betroffen sind. Ordnen Sie die folgenden Anspruchsgruppen den entsprechenden Wirtschaftssektoren zu (mit einer Differenzierung innerhalb der Sektoren).

Anspruchsgruppe	zugehöriger Wirtschaftssektor
a) Lieferanten	
b) Kunden	
c) Geldgeber (Fremdkapital)	
d) Konkurrenz	

5. Nachdem Carolin und Volkan alle wesentlichen Informationen gesammelt haben, wollen die beiden nun eine Übersicht zum Thema „Stellung der Hoffmann KG in der arbeitsteiligen Wirtschaft" erstellen. Carolin hat bereits eine Grundstrukturierung vorgenommen, es müssen nur noch einige Begriffe ergänzt werden.
Vervollständigen Sie das Schaubild, indem Sie die nachfolgenden Begriffe und Erläuterungen ergänzen.

> Arbeitszerlegung in Teilprozesse – bessere Produktqualität – Bürokaufleute, Industriekaufleute und/oder auch Groß- und Außenhandelskaufleute – erhöhte Gewinne durch Rationalisierung – Facharbeiter/-innen nicht verfügbar – Fahrrad- und Textilproduktion – Geldgeber – geringe Motivation der Mitarbeiter (eintönige Arbeit) – Großhandel – gute Auslastung der Maschinen – Handel und Dienstleistungen – höhere Produktivität bei den Mitarbeiter/-innen – höherer Krankenstand – Kaufleute und Mechaniker/-innen – Konkurrenz – Kunden – primärer Wirtschaftssektor – vierter Wirtschaftssektor – Wegfall von Arbeitsplätzen – Weiterverarbeitung

2.4 WIR ERSCHLIESSEN DIE STELLUNG UNSERES UNTERNEHMENS IN DER ARBEITSTEILIGEN WIRTSCHAFT

Stellung der Hoffmann KG in der arbeitsteiligen Wirtschaft

| _____ | sekundärer Wirtschaftssektor | tertiärer Wirtschaftssektor | _____ |

| Urerzeugung | _____ | _____ | Unternehmen der IT-Branche |

| | _____ | _____ | Anspruchsgruppen
• Lieferanten
_____
_____
_____
_____ |

Hoffmann KG

berufliche Arbeitsteilung
Berufsbildung: _____

Berufsspaltung: z. B. _____
_____
_____

betriebliche Arbeitsteilung
_____

Die Montage der Bauteile in der Fahrradproduktion wird in Teilprozesse zerlegt, z. B. Abteilung Lampenmontage und Abteilung Bremsenmontage (Stichwort „Fließbandarbeit").

Arbeitsteilung

Vorteile der Arbeitsteilung
_____
_____
_____
_____
_____

Nachteile der Arbeitsteilung
_____
_____
_____
_____
_____

2 WIRTSCHAFTLICHE GRUNDTATBESTÄNDE

Vertiefungs- und Anwendungsaufgaben

Auch zwischen den Volkswirtschaften findet eine Arbeitsteilung statt. Die internationale Arbeitsteilung ist notwendig, da nicht alle Güter und/oder Dienstleistungen im Land ausreichend vorhanden sind. Andere Motive sind günstigere Produktionsmöglichkeiten im Ausland oder niedrigere Preise von bestimmten Gütern im Ausland.

Einmal angenommen, Land A kann 500 Stück des Produkts *GUT* zu insgesamt 1.000,00 € und 800 Stück des Produkts *GÜNSTIG* zu 2.400,00 € produzieren. Land B kann 500 Stück des Produkts *GUT* zu insgesamt 2.000,00 € und 800 Stück des Produkts *GÜNSTIG* zu 1.600,00 € herstellen.

a) Stellen Sie die Kosten (in Euro) gegenüber, die den Volkswirtschaften A und B ohne Arbeitsteilung und ohne Außenhandel entstehen:

ohne Arbeitsteilung		Land A	Land B
Produkt *GUT*	500 Stück		
Produkt *GÜNSTIG*	800 Stück		
gesamt			

b) Geben Sie an, welche Gründe es geben kann, dass sich in verschiedenen Ländern die Produktionskosten für ein Produkt unterscheiden.

c) Stellen Sie die Kosten (in Euro) gegenüber, die den Volkswirtschaften A und B mit Arbeitsteilung und Außenhandel entstehen. Es ist hier davon auszugehen, dass ein Produkt in dem Land produziert wird, in dem es günstiger hergestellt werden kann. Das andere Land stellt die Produktion entsprechend ein und importiert das gefertigte Produkt aus dem anderen Land in Höhe der Produktionskosten.

Arbeitsteilung	Land A	Land B
Produkt *GUT* 1 000 Stück		
Produkt *GÜNSTIG* 1 600 Stück		
gesamt		

d) Beurteilen Sie die Ergebnisse aus den Aufgaben a)–c).
e) Nennen Sie mögliche Gefahren, die mit dieser Spezialisierung für ein Land verbunden sind.

2.5 Wir erkennen betriebsexterne Einflussgrößen auf die Preisgestaltung

Handlungssituation

Die Lellson AG ist der größte Mitbewerber der Hoffmann KG. Nach einer in Auftrag gegebenen Marktanalyse sinkt der Marktanteil der Hoffmann KG zunehmend zugunsten der Lellson AG.

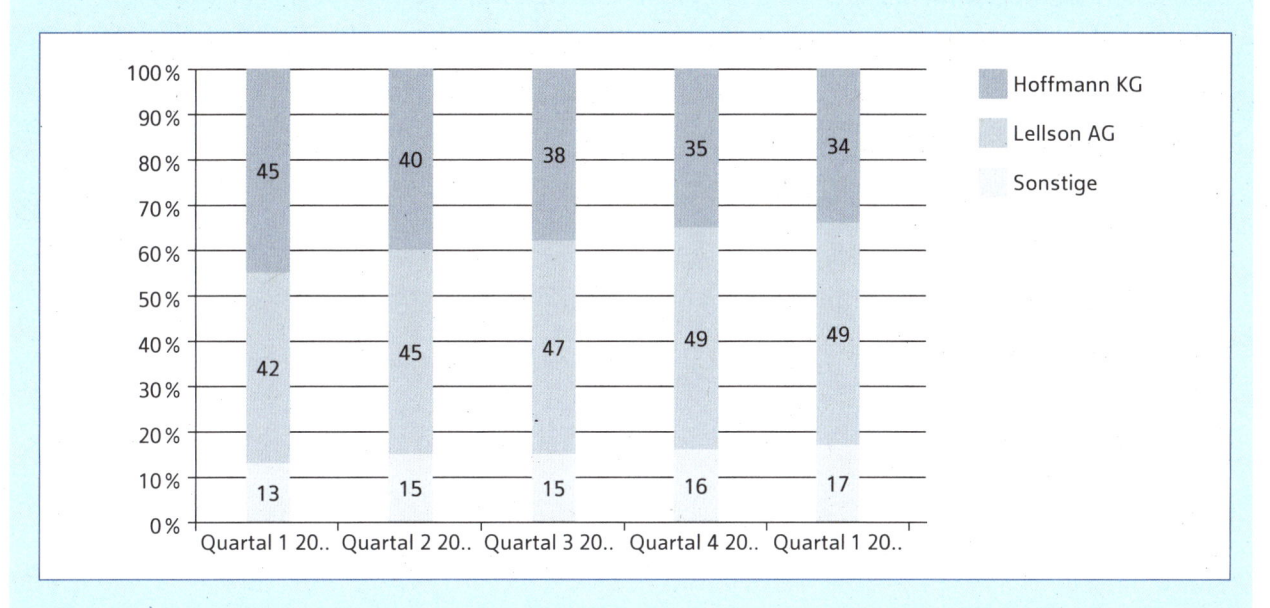

	Quartal 1 20..	Quartal 2 20..	Quartal 3 20..	Quartal 4 20..	Quartal 1 20..
Hoffmann KG	45	40	38	35	34
Lellson AG	42	45	47	49	49
Sonstige	13	15	15	16	17

Dies ist, so die Ergebnisse der Studie, im starken Umfang auf die aggressive Preispolitik der Lellson AG zurückzuführen.

Herr Staub, der Leiter der Abteilung Marketing/Verkauf, befürchtet aufgrund der Preisaktionen der Lellson AG weitere Einbußen im Absatz. Um dies abzuwenden, bittet er Carolin und Volkan, über eine eigene Preisaktion z. B. für den Verkauf von Fitnesskleidung nachzudenken.

Volkan macht nach ersten kurzen Überlegungen prompt den Vorschlag, die betroffenen Produkte aus dem Sortiment Hoffmann KG im Preis zu senken. Damit dies möglichst eindrucksvoll und kundenwirksam ist, möchte er die Preise der Konkurrenz um mindestens 20 % unterbieten.

Herr Staub ist über diesen Vorschlag erschrocken: „So einfach geht das nicht. Nach einer Überschlagsrechnung würde die Hoffmann KG mit dem Verkauf der Fitnesskleidung dann einen Verlust machen. Dies würde einem wirtschaftlichen Totalschaden gleichkommen und den Marktanteil nur kurzzeitig verbessern", wirft er ein.

Außerdem sei die Auswirkung einer solchen Preisaktion auf andere Artikel im Sortiment der Hoffmann KG gar nicht absehbar und in dem Vorschlag bedacht. Er bittet die beiden daher, sich noch einmal genauer mit der Thematik zu befassen und ihm am Nachmittag dann erneut zu berichten. Hierfür sollen sie sich bewusst machen, welche Faktoren einen Preis langfristig beeinflussen, welche Aufgaben ein Preis an einem Markt hat, wie ein solcher Preis zustande kommt und wo in dieser Preisbildung überhaupt der Gewinn der Hoffmann KG abgebildet wird. Er gibt den beiden noch den Tipp, dass sie bei ihren Überlegungen auch über Konjunkturschwankungen nachdenken sollen.

2 WIRTSCHAFTLICHE GRUNDTATBESTÄNDE

Handlungsaufgaben

1. Benennen Sie, welche Aufgaben Carolin und Volkan zu erledigen haben.
2. Der Verkaufspreis bzw. Angebotspreis der Hoffmann KG wird durch eine Vielzahl von Faktoren beeinflusst. Hierbei lassen sich innerbetriebliche Faktoren, die in der Hoffmann KG begründet sind und von dieser teilweise beeinflusst werden können, sowie außerbetriebliche Faktoren unterscheiden. Gerade diese außerbetrieblichen (externen) Faktoren sind von besonderer Bedeutung, da sie durch die Hoffmann KG nicht zu beeinflussen sind.
   Benennen Sie innerbetriebliche und außerbetriebliche Faktoren, die den Preis beeinflussen.

Innerbetriebliche Faktoren	Außerbetriebliche Faktoren

3. Neben den zuvor erarbeiteten Faktoren spielt auch der Aufbau des Marktes (Marktstruktur) eine entscheidende Rolle für die Preisbildung. Charakterisieren Sie in dem folgenden Überblick die beiden für den Handel bedeutendsten Marktformen.

Polypol	Angebotsoligopol

4. Vervollständigen Sie mithilfe des Lehrbuchs den folgenden Überblick über die Preisbildung, bezogen auf die Hoffmann KG.

2.5 WIR ERKENNEN BETRIEBSEXTERNE EINFLUSSGRÖSSEN AUF DIE PREISGESTALTUNG

KAUFEN / VERKAUFEN

Hoffmann KG als	Kundschaft der Hoffmann KG als
_____	_____
_____	_____
_____	_____

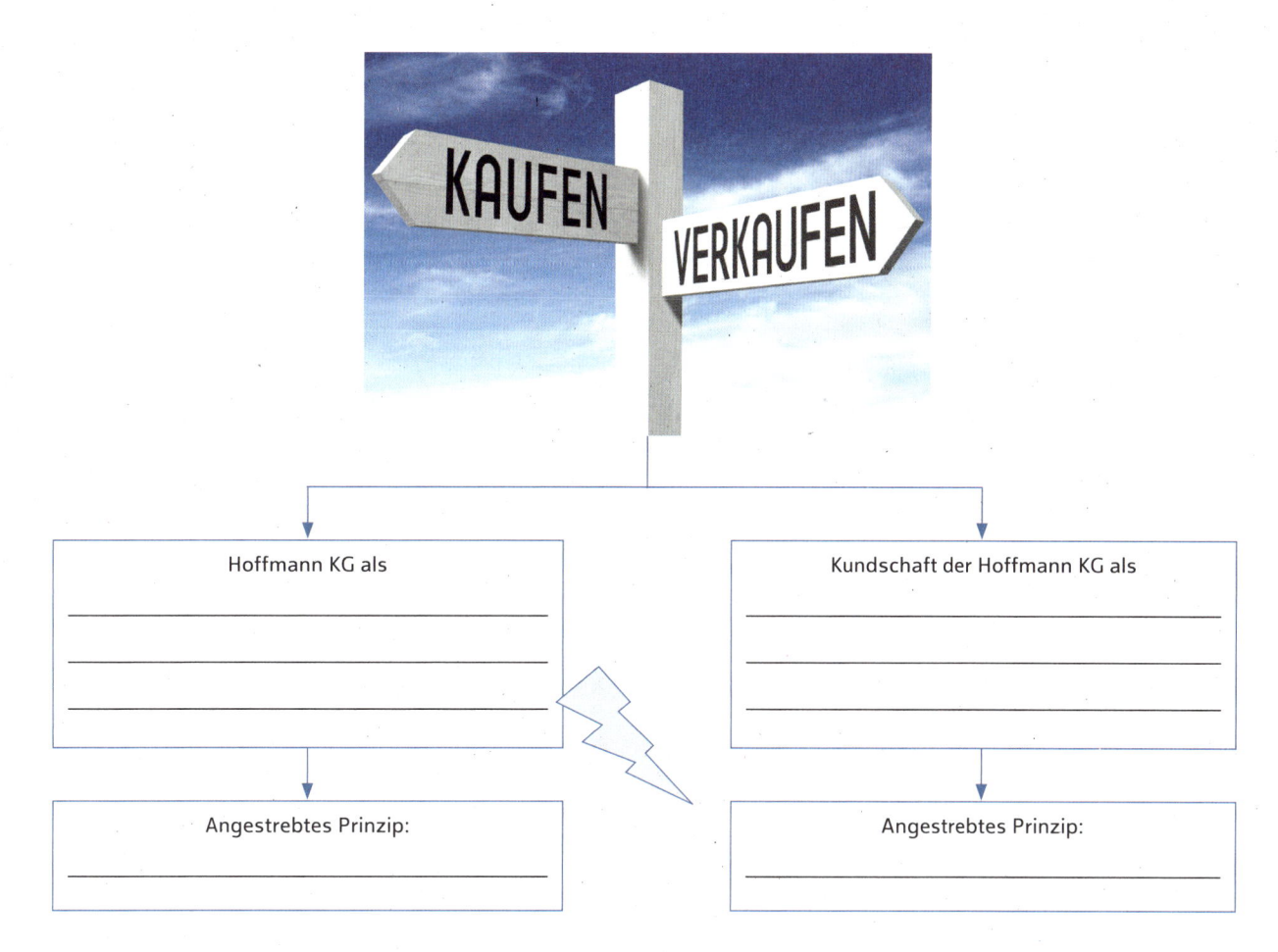

Angestrebtes Prinzip:	Angestrebtes Prinzip:
_____	_____

5. Erläutern Sie das von Ihnen erstellte Schaubild. Strukturieren Sie Ihre Lösung, indem Sie in der vorgegebenen Reihenfolge und unter Bezug auf die Handlungssituation auf die folgenden Begriffe eingehen:
Markt – Spannungsverhältnis – Preisbildung (Angebot/Nachfrage)

6. Am Markt treffen das Angebot und Nachfrage auf dem Baumwollmarkt aufeinander. Stellen Sie in der angeführten Tabelle das Verhalten der Nachfrager und Anbieter unter Abhängigkeit des Preises dar. Lesen Sie hierzu die jeweiligen Preise und die dazugehörigen Mengen aus der Tabelle in Ihrem Lehrbuch ab.

Akteur	Kunden (Nachfrager)	Hoffmann KG (Anbieter)
Preis		
Menge		

7. Welche konkreten Rückschlüsse können Sie aufgrund der in Handlungsaufgabe 6 erarbeiteten Ergebnisse auf das Angebots- bzw. Nachfrageverhalten der jeweiligen Marktteilnehmer ziehen? Begründen Sie Ihre Rückschlüsse mithilfe der konkreten Zahlenbeispiele aus der Tabelle.

8. Vervollständigen Sie den folgenden Überblick, um sich das Verhalten von Anbietern und Nachfragern zu verdeutlichen.

	Anbieter	Nachfrager
Je höher der Preis eines bestimmten Gutes,	desto	desto
Je niedriger der Preis eines bestimmten Gutes,	desto	desto

2 WIRTSCHAFTLICHE GRUNDTATBESTÄNDE

9. Vervollständigen Sie mithilfe Ihres Lehrbuchs die folgende Grafik mit den unten in der Tabelle stehenden entsprechenden Fachbegriffen und erläutern Sie diese mit eigenen Worten. Beziehen Sie sich dabei auch auf die jeweilige Situation der Hoffmann KG.

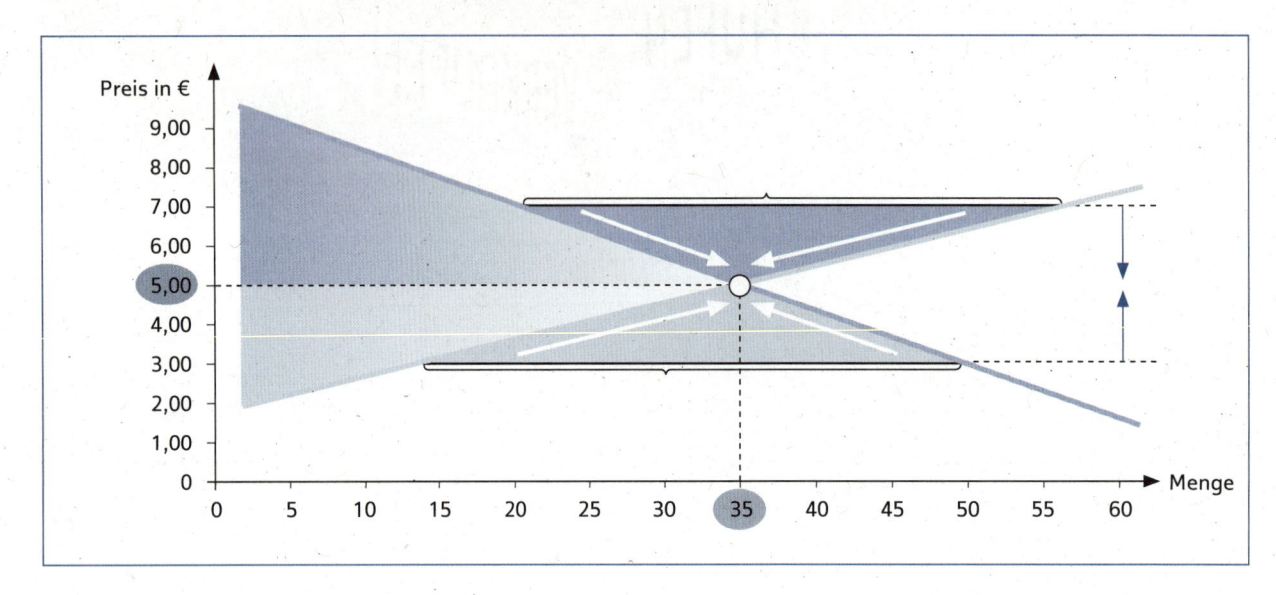

Fachbegriff	Definition/Bedeutung
a) Angebots-/ Nachfragekurve	
b) Angebotsüberhang	
c) Nachfrageüberhang	
d) Gleichgewichtspreis/-menge	

2.5 WIR ERKENNEN BETRIEBSEXTERNE EINFLUSSGRÖSSEN AUF DIE PREISGESTALTUNG

10. Carolin und Volkan haben bereits allgemeine Kriterien für die Preisbestimmung herausgesucht. Auch das Prinzip von Angebot und Nachfrage haben die Carolin und Volkan mit in die Preisbildung einbezogen.
Allerdings ist Carolin noch verwirrt, weil sie nicht versteht, was es mit diesen Anpassungsprozessen auf sich hat. Volkan versucht es ihr anhand von Skizzen zu erklären. Unterstützen Sie ihn bei seinen Erläuterungen.

Situation	Verhalten des Marktes sowie des Preises	Skizze der Angebots- und Nachfragefunktion
1. Das Angebot der Einzelhändler ist größer als die Nachfrage der Kundschaft.		
2. Das Angebot wird durch die Anbieter (Einzelhändler) erhöht. Die Nachfrage ändert sich nicht.		
3. Das Angebot wird durch die Anbieter (Einzelhändler) verringert. Die Nachfrage ändert sich nicht.		
4. Die Nachfrage ist größer als das Angebot.		

63

2 WIRTSCHAFTLICHE GRUNDTATBESTÄNDE

Situation	Verhalten des Marktes sowie des Preises	Skizze der Angebots- und Nachfragefunktion
5. Die Nachfrage wird durch die Nachfrager verringert. Das Angebot ändert sich nicht.		
6. Die Nachfrage wird durch die Nachfrager erhöht. Das Angebot ändert sich nicht.		
7. Angebot und Nachfrage auf dem Markt entsprechen sich.		

11. Geben Sie an, welche Konjunkturphasen sich hinter den Buchstaben verbergen. Nehmen Sie zu dieser Phase eine stichpunktartige Beschreibung vor, die sich auch auf die Hoffmann KG bezieht.

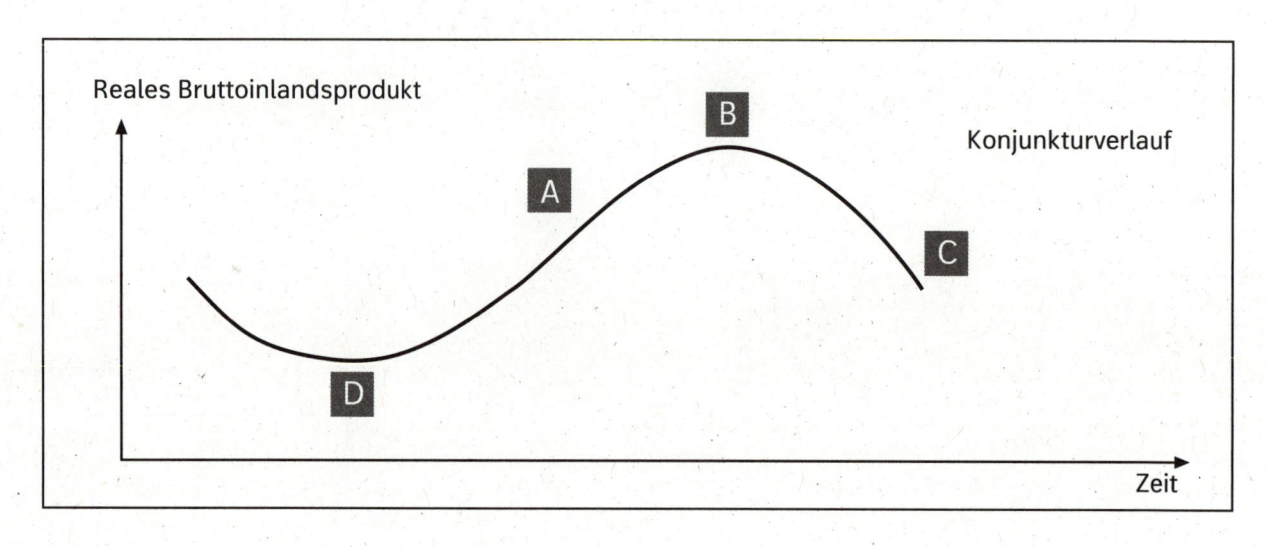

64

2.5 WIR ERKENNEN BETRIEBSEXTERNE EINFLUSSGRÖSSEN AUF DIE PREISGESTALTUNG

BS	Phase	Beschreibung
A		
B		
C		
D		

12. Sie haben neue Kompetenzen erworben. Erläutern Sie abschließend, welche Aspekte bei der Vorbereitung einer Preisaktion für Fitnesskleidung zu beachten wären.

2 WIRTSCHAFTLICHE GRUNDTATBESTÄNDE

Vertiefungs- und Anwendungsaufgaben

1. Erläutern Sie die Auswirkungen einer Preiserhöhung bei Tintenpatronen auf die Nachfrage nach den dazugehörigen Füllfederhaltern. Geben Sie auch mögliche weiter reichende Konsequenzen an.
2. Erstellen Sie mithilfe Ihres Lehrbuchs eine Mindmap über die Aufgaben des Preises. Erstellen Sie für jede Aufgabe einen Hauptast.

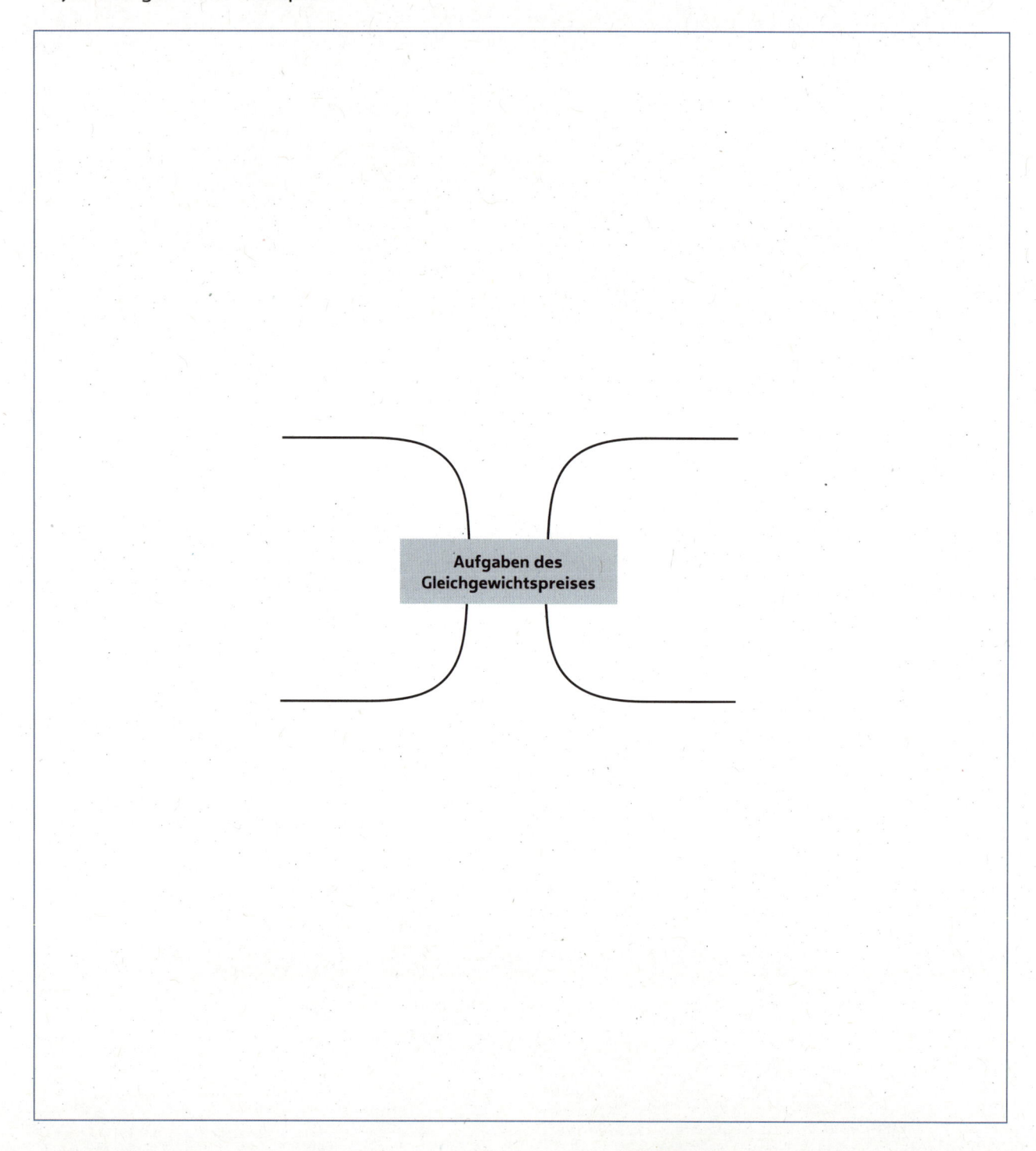

Aufgaben des Gleichgewichtspreises

3. Ordnen Sie den vorher dargestellten Konjunkturphasen die folgenden Beispiele zu. Entwickeln Sie auch eigene Beispiele.
    1. Die Arbeitslosigkeit im verarbeitenden Gewerbe geht deutlich zurück.
    2. Die Aktienkurse an der Börse verharren auf einem tiefen Niveau.
    3. Die Preise für Investitionsgüter steigen stärker als die Preise für Konsumgüter.
    4. Produktion und Absatz in der gesamten Dienstleistungsbranche gehen deutlich zurück.
    5. Es herrscht Voll- und Überbeschäftigung.

2.6 Wir lernen die Organisation des Praktikumsbetriebs nachzuvollziehen

Handlungssituation

Bei der Hoffmann KG ist es in den letzten Monaten häufig zu Missstimmungen zwischen den Beschäftigten gekommen. In den Abteilungen gab es Mitarbeitende, die nicht genau wussten, was ihre Aufgabe ist und wer ihnen überhaupt vorgesetzt ist. Außerdem gab es Kompetenzschwierigkeiten zwischen den Leiterinnen und Leitern verschiedener Abteilungen.

Herr Hoffmann möchte dieses Problem in den Griff bekommen und hat daher zu Mitarbeitergesprächen gebeten. In diesen Gesprächen sollen sich die Beschäftigten über ihre Stelle äußern, indem sie ihre Aufgaben und Befugnisse, ihre Vorgesetzten, Vertretungen und Kenntnisse und Fähigkeiten nennen, die zur Ausübung ihrer Tätigkeit notwendig sind.

Zusammen mit den Praktikantinnen und Praktikanten bekommen die Auszubildenden Anne Schulte, Caroline König, Sebastian Holpert und Mete Öczan darüber hinaus die Aufgabe, die Organisationsstruktur der Hoffmann KG zu analysieren und eine Stellenbeschreibung für ihre eigene Stelle zu erstellen.

Handlungsaufgaben

1. Geben Sie an, welche Probleme Anne, Caroline, Sebastian und Mete klären müssen.
2. Begründen Sie, warum es wichtig ist, dass die Hoffmann KG eine Organisationsstruktur hat.
3. Damit die vier Auszubildenden die Organisationsstruktur der Hoffmann KG analysieren können, müssen zunächst die verschiedenen Weisungssysteme klar sein. Dabei werden das Einliniensystem, das Mehrliniensystem, das Stabliniensystem, die Spartenorganisation und die Matrixorganisation als mögliche Weisungssysteme aufgeführt. Ordnen Sie diese Begriffe den Erläuterungen von a) bis f) zu.
   a) Ein Betrieb ist nach Produktgruppen in selbstständige Teilbetriebe aufgeteilt.
   b) Eine Abteilung soll beraten, aber keine Anweisungen an untergeordnete Stellen geben.
   c) Eine zentrale EDV-Abteilung ist für mehrere dezentralisierte Bereiche zuständig.
   d) Ein Manager koordiniert die Tätigkeit mehrerer Abteilungsleitungen bezüglich einer Produktgruppe.
   e) Der Beschäftigte eines Baumarktes in der Abteilung „Farben" untersteht sowohl den Weisungen der Abteilungsleiterin „Farben" als auch den Weisungen der Einkaufsleiterin.
   f) Die Angestellten in einer Abteilung werden nicht nur von ihrem Vorgesetzten, sondern auch noch von einem weiteren Manager kontrolliert.
4. Bei der Hoffmann KG sind verschiedene Abteilungen gebildet worden. Diese Abteilungsbildung kann nach dem Verrichtungsprinzip oder nach dem Objektprinzip aufgebaut sein.
   a) Erläutern Sie diese beiden Prinzipien kurz.
   b) Wie würden Sie die Hoffmann KG personell organisieren? Skizzieren Sie Ihre Überlegungen.
5. Herr Hoffmann möchte nun von den Auszubildenden wissen, welches Weisungssystem diese der Hoffmann KG empfehlen.

2 WIRTSCHAFTLICHE GRUNDTATBESTÄNDE

a) Zählen Sie auf, welche Vorteile die verschiedenen Weisungssysteme.

Einliniensystem	Mehrliniensystem	Stabliniensystem

b) Nennen Sie die Nachteile der verschiedenen Weisungssysteme.

Einliniensystem	Mehrliniensystem	Stabliniensystem

c) Begründen Sie, welches Weisungssystem Sie der Hoffmann KG empfehlen.

6. Anne ist momentan im Funktionsbereich Einkauf eingesetzt, Caroline im Funktionsbereich Lager, Sebastian im Funktionsbereich Verkauf und Mete im Funktionsbereich Verwaltung.
Erstellen Sie jeweils stichpunktartig eine Stellenbeschreibung für einen Mitarbeiter oder eine Mitarbeiterin aus den vier oben angegebenen Abteilungen der Hoffmann KG.

Inhalt	Einkauf	Lager	Verkauf	Verwaltung
Bezeichnung der Stelle	Einkaufsleiter/-in	Mitarbeiter/-in im Lager (Fachkraft für Lagerlogistik)	Verkäufer/-in im Außendienst	Buchhalter/-in
Vorgesetzte(r)				
Weisungsbefugnisse (Wem dürfen Anweisungen erteilt werden?)				
Stellenziel/ Tätigkeiten				

2.6 WIR LERNEN DIE ORGANISATION DES PRAKTIKUMSBETRIEBS NACHZUVOLLZIEHEN

Inhalt	Einkauf	Lager	Verkauf	Verwaltung
notwendige Kenntnisse und Fähigkeiten				

Vertiefungs- und Anwendungsaufgaben

1. Wie ist Ihr Praktikumsbetrieb personell organisiert?
   a) Skizzieren Sie Ihre Überlegungen grafisch.
   b) Ist Ihr Praktikumsbetrieb nach dem Verrichtungsprinzip oder dem Objektprinzip organisiert?

2. Sie sollen die Aufbauorganisation für die Großhandlung Fairtext GmbH entwickeln. Entscheiden Sie: Welches Merkmal veranlasst Sie, ein Stabliniensystem als Weisungssystem vorzuschlagen?

   a) Die Geschäftsleitung der Fairtext GmbH wird entlastet, die Einheit der Auftragserteilung bleibt erhalten.

   b) Die Flexibilität, da dieses System keine genaue Kompetenzabgrenzung bei der Fairtext GmbH kennt.

   c) Die Anzahl der Leitungsebenen bei der Fairtext GmbH wird erhöht, die Zuständigkeiten bleiben flexibel.

   d) Durch die Einrichtung von Stabsstellen wird die Fairtext GmbH in mehrere Sparten geteilt.

   e) Die Beschäftigten der Fairtext GmbH erhalten von mehreren fachlich kompetenten Expertinnen und Experten direkte Anweisungen.

3. Der Funktionsbereich Verwaltung der Fairtext GmbH will für alle Mitarbeitenden eine Stellenbeschreibung erstellen.
   Kreuzen Sie an: Welche Aufgabe erfüllt dabei die Stellenbeschreibung?

   a) Dadurch erhalten Beschäftigte eine Übersicht über die Abteilungsgliederung eines Betriebs.

   b) Als Gesamtübersicht sind alle betrieblichen Weisungsbefugnisse und Vollmachten der Fairtext GmbH dargestellt.

   c) Die Aufgaben der Stelleninhaberin oder des Stelleninhabers, ihre oder seine Kompetenzen und die an sie oder ihn gestellten Anforderungen werden beschrieben und festgelegt.

   d) Beschäftigte erkennen sofort die Kostenstellen des Betriebs mit entsprechender Beschreibung.

   e) Die Reihenfolge der Arbeitsschritte in der Fairtext GmbH ist hier genau definiert.

2 WIRTSCHAFTLICHE GRUNDTATBESTÄNDE

4. Lösen Sie die folgenden Aufgaben.
   a) Nachbar der Hoffmann KG ist die Asia Import GmbH. Das folgende Organigramm zeigt den Aufbau des Betriebs:

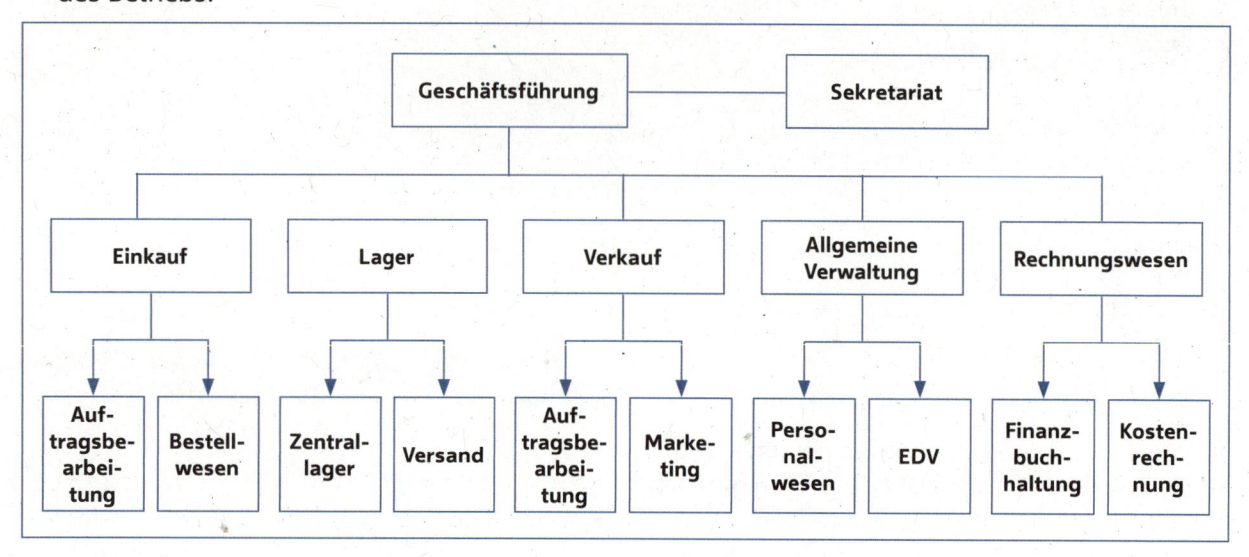

   [Organigramm: Geschäftsführung – Sekretariat; darunter: Einkauf, Lager, Verkauf, Allgemeine Verwaltung, Rechnungswesen; Einkauf → Auftragsbearbeitung, Bestellwesen; Lager → Zentrallager, Versand; Verkauf → Auftragsbearbeitung, Marketing; Allgemeine Verwaltung → Personalwesen, EDV; Rechnungswesen → Finanzbuchhaltung, Kostenrechnung]

   Führen Sie auf, welches Weisungssystem die Asia Import GmbH hat. Begründen Sie Ihre Entscheidung.
   Stellen Sie dar, welche Rolle das Sekretariat im Unternehmen hat.

   b) Innerhalb der Organisation von Unternehmen spielen Stellenbeschreibungen eine große Rolle. Für eine Mitarbeiterin soll eine solche Stellenbeschreibung erstellt werden. Führen Sie Themenbereiche auf, die in einer Stellenbeschreibung geregelt werden können.

   c) Die Textilia AG ist nach dem Matrixsystem organisiert. Skizzieren Sie das Organigramm nach folgenden Angaben:
   - Vorstand
   - Produktbereiche: Damenmode, Herrenmode, Kindermode
   - Abteilungen: Einkauf, Lager, Vertrieb, Verwaltung

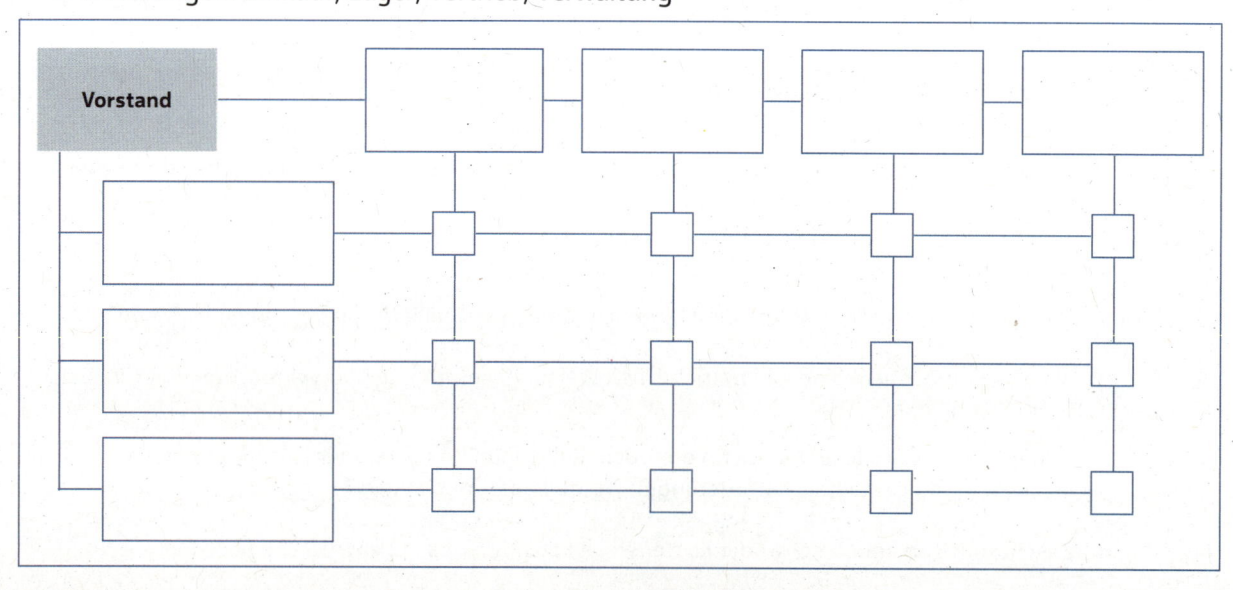

   [Matrix-Organigramm-Vorlage mit Vorstand oben links]

5. Die Hoffmann KG hat die Fairtext GmbH aufgekauft. Ein Unternehmensberater hat dort erhebliche Schwächen in der Ablauforganisation festgestellt.
   a) Geben Sie an, was das Ziel der Ablauforganisation ist.
   b) Führen Sie Schwerpunkte auf, die bei der Gestaltung der Ablauforganisation gesetzt werden können.

6. Ein wichtiges Hilfsmittel der Ablauforganisation ist die Netzplantechnik.
   a) Erläutern Sie, was der Pfeil in einem Netzplan kennzeichnet.
   b) Geben Sie an, wie sich der früheste Endzeitpunkt (FEZ) in einem Netzplan berechnet.

3 Erfassen von Geschäftsprozessen I

3.1 Wir lernen die Aufgaben und Vorschriften der Buchführung kennen

Handlungssituation

Praktikantinnen und Praktikanten sind einen Teil ihres Praktikums auch in der von der Hoffmann KG aufgekauften Fairtext GmbH eingesetzt. Dort bekommen sie die folgende Situation mit: Martina Jonas, Leiterin des Funktionsbereichs Rechnungswesen, kommt aufgeregt ins Büro von Frau Staudt, in dem auch die Auszubildende Anne Schulte sitzt:

Martina Jonas: „Guten Morgen, Frau Staudt, guten Morgen, Frau Schulte."

Frau Staudt und Anne: „Guten Morgen, Frau Jonas."

Martina Jonas: „So geht das nicht mehr weiter, wir brauchen jetzt dringend ein neues Computersystem. Ich kann nicht den halben Tag lang auf eine kleine Statistik warten. Rufen Sie doch sofort bei ‚PC-Pross' an, er soll uns diese Woche noch ein Angebot machen."

Frau Staudt: „Was soll das EDV-System denn können?"

Martina Jonas: „Wir brauchen einen Server, mit dem wir das betriebliche Rechnungswesen organisieren und unsere Buchführung erledigen können. Dass er netzwerkfähig ist und Möglichkeiten für mehrere Arbeitsplätze bietet, versteht sich."

Frau Staudt: „Was darf denn das kosten?"

Martina Jonas: „Ich rechne durchaus mit einer Summe von 50.000,00 €."

Anne: „Oh, das ist ja sehr viel Geld. Lohnt sich denn diese Ausgabe, wo ein PC doch gar keinen Umsatz für unser Unternehmen erzeugt?"

Martina Jonas: „Das ist eine berechtigte Frage. Am besten Sie beschäftigen sich erst einmal mit den Grundlagen des betrieblichen Rechnungswesens und der Buchführung. Dann können Sie sich diese Frage zu der Investition sicherlich selbst beantworten."

Handlungsaufgaben

1. Zeigen Sie auf, welche Probleme Anne klären muss.
2. Frau Jonas hat davon gesprochen, dass das betriebliche Rechnungswesen mit dem neuen EDV-System organisiert werden soll.
   a) Definieren Sie, was unter dem betrieblichen Rechnungswesen verstanden wird.

3 ERFASSEN VON GESCHÄFTSPROZESSEN I

b) Wesentliche Aufgaben bzw. Funktionen des betrieblichen Rechnungswesens bei der Fairtext GmbH sind die
- Dokumentations- und Informationsfunktion,
- die Dispositionsfunktion
- sowie die Kontrollfunktion.

Erläutern Sie diese drei Aufgaben bzw. Funktionen.

c) Nennen Sie die vier Bereiche des betrieblichen Rechnungswesens.

3. Neben dem betrieblichen Rechnungswesen hat Frau Jonas auch die Buchführung erwähnt.
   a) Erklären Sie die Unterschiede zwischen dem betrieblichen Rechnungswesen und der Buchführung.
   b) Auch bei der Fairtext GmbH gibt es in der Regel täglich mehrere Geschäftsfälle. Geben Sie an, was Sie unter einem Geschäftsfall verstehen. Nennen Sie drei Beispiele.
   c) Begründen Sie, warum die kaufmännische Buchführung so bedeutsam ist.
   d) Nennen Sie die Anspruchsgruppen der Fairtext GmbH, die ein Interesse an den Daten aus der Buchführung des Unternehmens haben.
   e) Begründen Sie, warum die Fairtext GmbH nicht auf eine ordnungsgemäße Buchführung verzichten kann.

4. Frau Staudt gibt Anne verschiedene Auszüge aus Gesetzestexten des HGB sowie der Abgabenordnung (AO). Aus diesen Auszügen lässt sich herauslesen, welche gesetzlichen Bestimmungen es zum betrieblichen Rechnungswesen und zur Buchführung gibt.

---

§ Abgabenordnung (AO) – Auszüge

§ 141 Buchführungspflicht bestimmter Steuerpflichtiger

(1) Gewerbliche Unternehmer sowie Land- und Forstwirte, die nach den Feststellungen der Finanzbehörde für den einzelnen Betrieb
1. einen Gesamtumsatz im Sinne des § 19 Absatz 3 Satz 1 des Umsatzsteuergesetzes von mehr als 800 000 Euro im Kalenderjahr oder
2. (weggefallen)
3. selbstbewirtschaftete land- und forstwirtschaftliche Flächen mit einem Wirtschaftswert (§ 46 des Bewertungsgesetzes) von mehr als 25 000,00 € oder
4. einen Gewinn aus Gewerbebetrieb von mehr als 80 000,00 € im Wirtschaftsjahr oder
5. einen Gewinn aus Land- und Forstwirtschaft von mehr als 80 000,00 € im Kalenderjahr gehabt haben, [...]

§ 145 Allgemeine Anforderungen an Buchführung und Aufzeichnungen

(1) Die Buchführung muss so beschaffen sein, dass sie einem sachverständigen Dritten innerhalb angemessener Zeit einen Überblick über die Geschäftsvorfälle und über die Lage des Unternehmens vermitteln kann. Die Geschäftsvorfälle müssen sich in ihrer Entstehung und Abwicklung verfolgen lassen. [...]

§ 146 Ordnungsvorschriften für die Buchführung und für Aufzeichnungen

(1) Die Buchungen und die sonstigen Aufzeichnungen sind vollständig, richtig, zeitgerecht und geordnet vorzunehmen. Kasseneinnahmen und Kassenausgaben sollen täglich festgehalten werden. [...]

(3) Die Buchungen und die sonst erforderlichen Aufzeichnungen sind in einer lebenden Sprache vorzunehmen. Wird eine andere als die deutsche Sprache verwendet, so kann die Finanzbehörde Übersetzungen verlangen. Werden Abkürzungen, Ziffern, Buchstaben oder Symbole verwendet, muss im Einzelfall deren Bedeutung eindeutig festliegen. [...]

(5) Die Bücher und die sonst erforderlichen Aufzeichnungen können auch in der geordneten Ablage von Belegen bestehen oder auf Datenträgern geführt werden, soweit diese Formen der Buch

führung einschließlich des dabei angewandten Verfahrens den Grundsätzen ordnungsmäßiger Buchführung entsprechen; [...]

§ 147 Ordnungsvorschriften für die Aufbewahrung von Unterlagen

(1) Die folgenden Unterlagen sind geordnet aufzubewahren:
1. Bücher und Aufzeichnungen, Inventare, Jahresabschlüsse, Lageberichte, die Eröffnungsbilanz sowie die zu ihrem Verständnis erforderlichen Arbeitsanweisungen und sonstigen Organisationsunterlagen,
2. die empfangenen Handels- oder Geschäftsbriefe,
3. Wiedergaben der abgesandten Handels- oder Geschäftsbriefe,
4. Buchungsbelege,
4a. Unterlagen nach Artikel 15 Absatz 1 und Artikel 163 des Zollkodex der Union,
5. sonstige Unterlagen, soweit sie für die Besteuerung von Bedeutung sind.

(2) Mit Ausnahme der Jahresabschlüsse, der Eröffnungsbilanz und der Unterlagen nach Absatz 1 Nummer 4a [...] können die in Absatz 1 aufgeführten Unterlagen auch als Wiedergabe auf einem Bildträger oder auf anderen Datenträgern aufbewahrt werden, wenn dies den Grundsätzen ordnungsmäßiger Buchführung entspricht [...]

(3) Die in Absatz 1 Nr. 1, 4 und 4a aufgeführten Unterlagen sind zehn Jahre und die sonstigen in Absatz 1 aufgeführten Unterlagen sechs Jahre aufzubewahren, sofern nicht in anderen Steuergesetzen kürzere Aufbewahrungsfristen zugelassen sind. ...

Handelsgesetzbuch (HGB) – Auszüge

§ 238 Buchführungspflicht

(1) Jeder Kaufmann ist verpflichtet, Bücher zu führen und in diesen seine Handelsgeschäfte und die Lage seines Vermögens nach den Grundsätzen ordnungsmäßiger Buchführung ersichtlich zu machen. Die Buchführung muss so beschaffen sein, dass sie einem sachverständigen Dritten innerhalb angemessener Zeit einen Überblick über die Geschäftsvorfälle und über die Lage des Unternehmens vermitteln kann. Die Geschäftsvorfälle müssen sich in ihrer Entstehung und Abwicklung verfolgen lassen.

(2) Der Kaufmann ist verpflichtet, eine mit der Urschrift übereinstimmende Wiedergabe der abgesandten Handelsbriefe (Kopie, Abdruck, Abschrift oder sonstige Wiedergabe des Wortlauts auf einem Schrift-, Bild- oder anderen Datenträger) zurückzubehalten.

§ 239 Führung der Handelsbücher

(3) Eine Eintragung oder eine Aufzeichnung darf nicht in einer Weise verändert werden, dass der ursprüngliche Inhalt nicht mehr feststellbar ist. Auch solche Veränderungen dürfen nicht vorgenommen werden, deren Beschaffenheit es ungewiss lässt, ob sie ursprünglich oder erst später gemacht worden sind.

§ 257 Aufbewahrung von Unterlagen, Aufbewahrungsfristen

(1) Jeder Kaufmann ist verpflichtet, die folgenden Unterlagen geordnet aufzubewahren:
1. Handelsbücher, Inventare, Eröffnungsbilanzen, Jahresabschlüsse, Einzelabschlüsse nach § 325 Abs. 2a, Lageberichte, Konzernabschlüsse, Konzernlageberichte sowie die zu ihrem Verständnis erforderlichen Arbeitsanweisungen und sonstigen Organisationsunterlagen, [...]

a) Geben Sie an, ob die Fairtext GmbH laut Handelsgesetzbuch (HGB) zur Buchführung verpflichtet ist.
b) Entscheiden Sie: Sind die Bedingungen gemäß Abgabenordnung (AO) § 141 seitens der Fairtext GmbH erfüllt, damit Buchführungspflicht besteht?

3 ERFASSEN VON GESCHÄFTSPROZESSEN I

c) Erläutern Sie, wann die Buchführung der Fairtext GmbH als ordnungsgemäß im Sinne der § 238 HGB und § 145 AO gilt.
d) Entscheiden Sie: Ist es der Fairtext GmbH ohne Weiteres möglich, Eintragungen in den Büchern zu verändern oder zu löschen? Begründen Sie Ihre Entscheidung.
e) Geben Sie an, was die Fairtext GmbH gemäß § 146 AO bei Kasseneinnahmen und Kassenausgaben beachten muss.
f) Geben Sie an, was gemäß § 257 HGB für die Belege gilt, nach denen die Buchungen vorgenommen werden?
g) Führen Sie auf, welche Unterlagen von der Fairtext GmbH gemäß § 147 AO wie lange aufzubewahren sind.
h) Erläutern Sie: Unter welchen Umständen kann die Fairtext GmbH Unterlagen auf Datenträgern aufbewahren?

5. Heute Morgen kommt Martina Jonas, Leiterin des Funktionsbereichs Rechnungswesen der Fairtext GmbH, ins Büro, um sich bei Anne danach zu erkundigen, ob sich die Investition des neuen Computersystems lohnt.
   a) Finden Sie Argumente, die gegen die Investition des neuen Computersystems sprechen. Stellen Sie dabei auch mögliche Alternativen dar.
   b) Finden Sie Argumente, die für die Investition des neuen Computersystems sprechen. Begründen Sie dabei Ihre Argumente ausführlich.

Vertiefungs- und Anwendungsaufgaben

1. Ordnen Sie die folgenden Begriffe den vier Teilgebieten des betrieblichen Rechnungswesens (Geschäftsbuchführung, Kosten- und Leistungsrechnung, Statistik, Planungsrechnung) zu.

	Teilgebiet des betrieblichen Rechnungswesens
a) Dokumentationsaufgabe	
b) Betriebs- und Branchenvergleich	
c) Soll-Ist-Vergleiche (Abweichungsanalyse)	
d) Preiskalkulationen	

2. Bis zu welchem Zeitpunkt müssen Sie die Bilanz und das Inventar aus dem Jahr 2020 gemäß den Bestimmungen des HGB mindestens aufbewahren?

a) bis 31. Dezember 2050	
b) bis 31. Dezember 2032	
c) bis 31. Dezember 2026	
d) bis 31. Dezember 2023	
e) bis 31. Dezember 2022	

3. Die Fairtext GmbH will sich ein neues EDV-System kaufen. Prüfen Sie, in welchen Fällen gegen die Grundsätze ordnungsgemäßer Buchführung verstoßen würde.
   a) Sie haben die Rechnung versehentlich falsch gebucht. Sie geben die Stornobuchung ins System ein und buchen dann den Vorgang neu. ☐
   b) Sie zahlen das neue EDV-System aus der Kasse bar. Die Belege werden direkt in die Kasse gelegt. ☐
   c) Sie zahlen die Rechnung für die Installation ebenfalls bar aus der Kasse. Der Beleg soll erst in der kommenden Woche in die Kasse gelegt werden, weil dann ein neuer Monat beginnt. ☐

3.1 WIR LERNEN DIE AUFGABEN UND VORSCHRIFTEN DER BUCHFÜHRUNG KENNEN

d) Sie rechnen damit, dass Sie dieses System fünf Jahre nutzen können. Entsprechend legen Sie nur ein Fünftel des Betrags in die Kasse. ☐

e) Sie scannen die Rechnung ein, speichern diese als Datei und vernichten dann die Original-Rechnung. ☐

4. Welche der folgenden Aussagen entsprechen dem Grundsatz ordnungsgemäßer Buchführung?

   a) Wir kalkulieren unsere Einkaufspreise monatlich. ☐

   b) keine Buchung ohne Beleg ☐

   c) Buchungsbelege werden nummeriert und geordnet aufbewahrt. ☐

   d) Dem Kunden werden Zahlungsziele eingeräumt. ☐

   e) tägliche Aufzeichnung der Kasseneinnahmen und -ausgaben ☐

5. Lösen Sie das folgende Silbenrätsel.

   > AB – AMT – AUS – BE – BE – BEN – BI – BUCH – DELS – ER – EX – FALL – FI – FOLG – GA – GE – GE – HAN – IN – KUNFTS – LAN – LE – LEG – MENS – MIT – NANZ – NUNG – NEH – ORD – QUEL – REN – SCHÄFTS – SETZ – TEL – TER – TERN – TU – UN – VEN – WEIS – ZEN

   1 Vorgang, der das Vermögen und/oder die Schulden eines Großhandelsunternehmens verändert: _____

   2 Keine Buchung ohne: _____

   3 Hier sind Vorschriften zur Buchführung geregelt: _____

   4 Diese enthält die steuerrechtlichen Regeln für die Buchführung: _____

   5 Müssen zehn Jahre lang aufbewahrt werden (Mehrzahl): _____

   6 Müssen sechs Jahre lang aufbewahrt werden (Mehrzahl): _____

   7 Ziel der Buchführung: _____

   8 Soll mit der Buchführung ermittelt werden: _____

   9 Diese staatliche Institution interessiert sich für die Buchführung, um genug Steuern einzunehmen: _____

   10 So ist der Beleg, wenn er im Geschäftsverkehr mit Außenstehenden anfällt: _____

   11 Wichtige Aufgabe der Buchführung bei Rechtsstreitigkeiten: _____

3.2 Wir ermitteln die Vermögenswerte und Schulden durch Bestandsaufnahme

Handlungssituation

Frau Staudt, Mitarbeiterin der Abteilung Rechnungswesen, kommt gerade aus dem Lager. Sie hat eine Inventurliste mitgebracht, die zum Ende des Geschäftsjahres erstellt wird. Ein Auszug daraus ist nachfolgend dargestellt:

GTIN	Bezeichnung	VK-Preis	EK-Preis	Soll-Bestand	Ist-Bestand	Gesamtwert
4022006262097	Damen-Ledergürtel	40,56 €	19,25 €	795	792	
4023007373119	Kette mit Anhänger	66,81 €	24,30 €	811	815	
4023007373126	Baumwoll-Sakko, gefüttert	50,00 €	18,70 €	750	750	

Frau Staudt legt die Liste auf den Schreibtisch von Anne Schulte.

Frau Staudt: „Hallo Frau Schulte. Sehen Sie sich doch diese Inventuraufnahmeliste einmal genauer an. Was fällt Ihnen auf?"

Anne: „Inventuraufnahmeliste – was ist das?"

Frau Staudt: „Dort werden die festgestellten Mengen aus der Inventur eingetragen."

Anne: „Inventur, Soll-Bestand, Ist-Bestand, Verkaufspreise, Einkaufspreise und Gesamtwert – warum ist das hier alles aufgeführt?"

Frau Staudt: „Das ist eine gute Frage. Die Werte der Inventurliste werden benötigt, um das Inventar aufzustellen."

Anne: „Hmm, das klingt kompliziert …"

Handlungsaufgaben

1. Führen Sie an, welche Probleme Anne für die Aufstellung des Inventars klären muss.
2. Frau Staudt hat die Inventuraufnahmeliste aus dem Lager der Fairtext GmbH mitgebracht.
    a) Geben Sie an, wie die Zahlen des Ist-Bestandes ermittelt wurden.
    b) Erläutern Sie, wann bei der Fairtext GmbH eine Inventur durchgeführt werden muss.
    c) Nennen Sie die Bestandteile, die bei der Inventur insgesamt aufgenommen werden.
    d) Erklären Sie, was ein Soll-Bestand ist und woher die Zahlen dafür kommen.
    e) In der aufgeführten Inventuraufnahmeliste der Fairtext GmbH sind Differenzen zwischen dem Soll-Bestand und dem Ist-Bestand zu erkennen. Nennen Sie mögliche Gründe für diese Differenzen.
    f) Entscheiden Sie: Wird der Soll-Bestand oder der Ist-Bestand für die weitere Bewertung der Waren herangezogen?
3. In der Inventuraufnahmeliste der Fairtext GmbH sind sowohl Einkaufs- als auch Verkaufspreis angegeben.

3.2 WIR ERMITTELN DIE VERMÖGENSWERTE UND SCHULDEN DURCH BESTANDSAUFNAHME

a) Geben Sie an, welche Gründe für die Bewertung nach Einkaufspreisen, welche für die Bewertung nach Verkaufspreisen sprechen.
Bewertung nach Einkaufspreisen:
Bewertung nach Verkaufspreisen:
b) Bestimmen Sie aus der nachfolgenden Inventuraufnahmeliste der Fairtext GmbH den Gesamtwert aller einzelnen Artikel sowie die Summe auf Basis der Einkaufspreise.

Inventuraufnahmeliste Handelswaren

GTIN	Bezeichnung	VK-Preis	EK-Preis	Soll-Bestand	Ist-Bestand	Gesamtwert
4020102200081	Jeansweste mit Pailletten	25,00 €	11,15 €	185	179	
4021002125030	Nadelstreifen-Anzug mit Weste	159,59 €	66,30 €	97	97	
4021002200010	Multifunktionsjacke	43,16 €	19,80 €	183	183	
4021003131023	Wellness-Microfaser-Anzug	36,16 €	14,24 €	885	885	
4021003131030	Stufenrock mit Spitzensaum	16,51 €	6,00 €	923	923	
4021003131078	Leder-Blazer, Porc-Velours	94,56 €	31,52 €	274	274	
4021003131085	Hosenanzug	37,96 €	14,95 €	881	881	
4021004141052	Jacquard-Blazer	21,61 €	7,20 €	422	421	
4022005252068	Jeans-Rock	30,00 €	10,20 €	453	449	
4022005252075	Jerseykleid	20,29 €	7,99 €	461	461	
4022005500046	Klima-Aktiv-Jacke	74,25 €	31,50 €	115	120	
4022006262097	Damen-Ledergürtel	40,56 €	19,25 €	795	792	
4023007373119	Kette mit Anhänger	66,81 €	24,30 €	811	815	
4023007373126	Baumwoll-Sakko gefüttert	50,00 €	18,70 €	750	750	
4023007373140	Strickjacke 100 % Baumwolle	25,00 €	9,43 €	392	390	
4024009494154	Boxershorts, Gr. L 100 % Baumwolle	8,85 €	3,37 €	298	300	
4024009494178	Damenpullover „Elle"	32,36 €	12,75 €	684	643	
4024010404166	Holzfällerhemden, Farbe sortiert	10,11 €	3,91 €	703	703	
4024010404180	Jogginganzug	33,00 €	23,75 €	765	767	
	Summe					

4. Alle Werte aus der Inventur müssen nun geordnet aufgestellt werden. Dieses sogenannte Inventar folgt einer bestimmten Gliederung.
   a) Nennen Sie die drei Teile, aus denen sich das Inventar zusammensetzt.
   b) Geben Sie an, wie das Reinvermögen ermittelt wird und was das bedeutet.

c) Geben Sie die wesentlichen Unterschiede zwischen dem Anlagevermögen und dem Umlaufvermögen an. Nennen Sie je zwei Beispiele bei der Fairtext GmbH.

d) Erstellen Sie ein Inventar für die Fairtext GmbH zum 31.12. anhand der nachstehend aufgeführten Inventurdaten. Ergänzen Sie den Wert der Position „Handelswaren" aus Aufgabe 3b). Die anderen Daten kommen aus den verschiedenen, jeweils zuständigen Abteilungen.

Bankguthaben
– Volksbank Frankfurt .... 62.000,00 €
– Sparkasse Frankfurt .... 65.000,00 €
Warenbestände
– Handelswaren .... ?
– Lebensmittel .... 50.000,00 €
– Technik .... 200.000,00 €
Grundstücke .... 250.000,00 €
Gebäude
– Verwaltungsgebäude .... 220.000,00 €
– Kaufhaus .... 240.000,00 €
Forderungen
– Fa. Meyermann .... 22.000,00 €
– Fa. Schulze .... 42.000,00 €
– Fa. Rindelhardt .... 47.000,00 €
Betriebs- und Geschäftsausstattung .... 62.000,00 €
Kassenbestand .... 8.000,00 €
Verbindlichkeiten
– Kühling GmbH .... 65.000,00 €
– Pautsch OHG .... 83.000,00 €
Darlehen bei der Volksbank Frankfurt .... 195.000,00 €
Hypothek bei der Sparkasse Frankfurt .... 390.000,00 €

Inventar der Fairtext GmbH Frankfurt, zum 31. Dez. 20..	Wert	Wert
A. Vermögen		
I. Anlagevermögen		
II. Umlaufvermögen		
Summe des Vermögens		

Inventar der Fairtext GmbH Frankfurt, zum 31. Dez. 20..	Wert	Wert
B. Schulden		
Summe der Schulden		
C. Ermittlung des Eigenkapitals		

Vertiefungs- und Anwendungsaufgaben

1. Bei der körperlichen Bestandsaufnahme hat ein Unternehmen die Möglichkeit, verschiedene Inventurverfahren anzuwenden. Dies sind die zeitnahe Stichtagsinventur, die zeitlich verlegte Inventur, die permanente Inventur sowie die Stichprobeninventur.
Definieren Sie die vier angegebenen Inventurverfahren und stellen Sie die Vor- und Nachteile heraus.

Verfahren	Definition	Vor- und Nachteile
a) zeitnahe Stichtagsinventur		
b) zeitlich verlegte Inventur		
c) permanente Inventur		

Verfahren	Definition	Vor- und Nachteile
d) Stichprobeninventur		

2. Die Fairtext GmbH will eine zeitlich verlegte Inventur durchführen. Dabei soll die Wertfortschreibung bzw. die Wertrückrechnung zum Bilanzstichtag am 31.12.2024 berücksichtigt werden.

   a) Für den Artikel „Multifunktionsjacke" wurde ein wertmäßiger Bestand von 1.400,00 € am Tag der Inventur (1. Oktober) ermittelt. Weiterhin sind bis zum Bilanzstichtag für den Artikel noch ein Einkauf am 25.10. über 1.120,00 € sowie Verkäufe am 29.10. über 560,00 € und am 03.11. über 280,00 € erfolgt.
   Ermitteln Sie den Inventurbestand der Multifunktionsjacken zum Bilanzstichtag.

Bestand/Veränderungen	Datum	Wert

   b) Für den Artikel „Hosenanzug" wurde ein wertmäßiger Bestand von 2.800,00 € am Tag der Inventur (10. Februar 2023) ermittelt. Weiterhin sind seit dem Bilanzstichtag für den Artikel noch ein Einkauf am 25. Januar 2023 über 500,00 € sowie ein Verkauf am 29. Januar 2023 über 1.200,00 € erfolgt.
   Ermitteln Sie den Inventurbestand der Hosenanzüge zum Bilanzstichtag.

Bestand/Veränderungen	Datum	Wert

3. Bestimmen Sie bei der Durchführung einer Stichtagsinventur in der Fairtext GmbH die richtige Reihenfolge für die folgenden Arbeitsschritte durch Eintragen der Ziffern 1–5 in die vorgegebenen Kästchen.

	Die Warenbestände werden gezählt, gemessen und gewogen.
	Ein Tag zur Durchführung der Inventur wird festgelegt.
	Die Warenvorräte werden zum Bilanzstichtag bewertet.
	Die Ergebnisse werden auf Zählzettel niedergeschrieben.
	Die ermittelten Bestände werden in die Inventuraufnahmeliste eingetragen.

3.3 Wir stellen auf der Grundlage des Inventars die Bilanz auf

Handlungssituation

Anne Schulte hat mit Unterstützung von Frau Staudt die verschiedenen Inventurdaten geordnet und das Inventar aufgestellt. Die Praktikantin Carolin Saager hat dabei geholfen. Zufrieden lehnt Anne sich zurück und sagt:

„So, damit ist das Geschäftsjahr abgeschlossen."

Daraufhin legt Frau Staudt ihr einen Gesetzestext aus dem HGB vor:

> **§§ § 242 Pflicht zur Aufstellung (Auszug)**
>
> (1) Der Kaufmann hat zu Beginn seines Handelsgewerbes und für den Schluss eines jeden Geschäftsjahrs einen das Verhältnis seines Vermögens und seiner Schulden darstellenden Abschluss (Eröffnungsbilanz, Bilanz) aufzustellen. Auf die Eröffnungsbilanz sind die für den Jahresabschluss geltenden Vorschriften entsprechend anzuwenden, soweit sie sich auf die Bilanz beziehen.

Frau Staudt: „Sie sehen, das Geschäftsjahr ist noch nicht abgeschlossen – die Bilanz ist noch nicht aufgestellt."

Anne: „Aber im Inventar sind doch schon Vermögen und Schulden dargestellt. Ist das nicht dasselbe?"

Frau Staudt: „Nein. Es gelten für die Aufstellung einer Bilanz spezielle Vorschriften. Die müssen auch wir anwenden."

Anne: „Na gut, das wird schon nicht so schwer sein …"

Handlungsaufgaben

1. Nennen Sie die Probleme, die Anne und Carolin bei der Aufstellung der Bilanz klären müssen.
2. Die Aufstellung der Bilanz folgt festgelegten Regeln. Diese sind auch bei der Fairtext GmbH zu beachten.
    a) Begründen Sie, warum der Begriff „Bilanz" im Italienischen „Waage" heißt.
    b) Geben Sie an, wie die beiden Seiten der Bilanz genannt werden.
    c) Nennen Sie die Hauptgliederungspunkte auf der Vermögensseite und auf der Kapitalseite der Bilanz.
    d) Begründen Sie, warum häufig eine sogenannte Buchhalternase in der Bilanz eingezeichnet wird.
    e) Definieren/erklären Sie folgende Begriffe kurz.

Begriff	Definition/Erklärung
a) Eigenkapital	

Begriff	Definition/Erklärung
b) Fremdkapital	
c) Anlagevermögen	
d) Umlaufvermögen	

f) Erläutern Sie, nach welchem Gliederungsprinzip die Aufstellung der Aktivseite und nach welchem Gliederungsprinzip die Aufstellung der Passivseite erfolgt.

3. Frau Staudt gibt Anne und Carolin die folgenden Begriffe, die sie so sortieren sollen, wie es die Bilanzierungsvorschriften vorsehen. Nach dieser Übung sollten die beiden in der Lage sein, aus dem bestehenden Inventar der Fairtext GmbH die Bilanz zu entwickeln und aufzustellen.
Übertragen Sie die folgenden Begriffe in das nachstehende Konto.

> II Umlaufvermögen – Hypothekenschulden – Kapitalverwendung – Bilanz – Kreditinstitute – Roh-, Hilfs-, Betriebsstoffe – Darlehensschulden – Passiva – Geordnet nach Liquidität/Flüssigkeit – BGA – I Anlagevermögen – Geordnet nach Fälligkeit – Fuhrpark – II Fremdkapital – Verbindlichkeiten a. LL – Kasse – Aktiva – Forderungen a. LL – I Eigenkapital – Kapitalherkunft – Gebäude

4. Nachdem Anne und Carolin nun gelernt haben, was bei der Aufstellung einer Bilanz zu beachten ist, sollen sie das bereits aufgestellte Inventar als Bilanz aufstellen.
Erstellen Sie aus den Daten des bekannten Inventars der Fairtext GmbH eine Bilanz. Tragen Sie die entsprechenden Werte in das nachfolgende Konto ein.

3.3 WIR STELLEN AUF DER GRUNDLAGE DES INVENTARS DIE BILANZ AUF

Vertiefungs- und Anwendungsaufgaben

1. Nennen Sie drei Merkmale, durch die sich ein Inventar von einer Bilanz unterscheidet.
2. Welche der folgenden sieben Erklärungen passt zu den drei unten stehenden Begriffen?
   a) In Kontenform erfolgt eine ausführliche Darstellung der Mengen und Einzelwerte am Jahresende.
   b) Kurz gefasste Gegenüberstellung von Vermögen und Kapital der Fairtext GmbH in Kontenform.
   c) Die Aufwendungen der Fairtext GmbH werden auf einem Unterkonto des Eigenkapitalkontos gebucht.
   d) Dieses ausführliche Bestandsverzeichnis nach Art, Menge und Wert weist alle Vermögensteile und Schulden eines Unternehmens aus.
   e) Die Bestände aller Vermögensteile und Schulden der Fairtext GmbH werden mengen- und wertmäßig aufgenommen.
   f) Alle Buchungen der Fairtext GmbH werden regelmäßig in chronologischer Reihenfolge erfasst.
   g) Es erfolgt bei der Fairtext GmbH eine sachliche Ordnung aller Buchungen auf Konten.

I. Inventur	II. Inventar	Bilanz

3. Lösen Sie mithilfe Ihres Lehrbuches das folgende Kreuzworträtsel.

Waagerecht:
3. Unterschied zwischen Ist-Bestand der Inventur und Soll-Bestand der Buchführung
5. umfasst die Gegenstände, die dauerhaft oder nur vorübergehend dem Unternehmen dienen
8. Ergebnis der Inventur
9. Grundsatz der ordnungsgemäßen Buchführung
10. anderes Wort für Fremdkapital
14. Gliederungsgrundsatz der ordnungsgemäßen Buchführung
15. rechte Seite der Bilanz, die Auskunft gibt über die Kapitalherkunft

Senkrecht:
1. Grundsatz der ordnungsgemäßen Buchführung
2. Vermögensgegenstände werden nach ihrer Nähe zum ... geordnet.
4. Grundsatz der ordnungsgemäßen Buchführung
6. ergibt sich nach Abzug der Schulden vom Vermögen im Inventar
7. Grundsatz der ordnungsgemäßen Buchführung
11. linke Seite der Bilanz, die über die Vermögensarten Auskunft gibt

3 ERFASSEN VON GESCHÄFTSPROZESSEN I

17. kurz gefasste Übersicht über Aktiva und Passiva in Kontenform
18. Grundsatz der ordnungsgemäßen Buchführung
19. gehört dem Unternehmer und steht ihm unbefristet zur Verfügung
21. Grundsatz der ordnungsgemäßen Buchführung

12. wird im Rahmen der Inventur für einen Artikel erfasst
13. mengen- und wertmäßige Bestandsaufnahme aller Vermögens- und Schuldenwerte zu einem bestimmten Zeitpunkt
16. Gliederungsprinzip für die Schulden im Inventar
20. so viele Jahre sind Inventare und Bilanzen aufzubewahren

3.4 Wir erfahren, wie sich die Bilanz verändern kann

Handlungssituation

Anne Schulte geht am 04.01.20.. zu den Banken der Fairtext GmbH, um die Kontoauszüge für das Unternehmen zu holen. Dies sind zum einen der Auszug des laufenden Kontos der Sparkasse Frankfurt und zum anderen der Auszug des Darlehenskontos der Commerzbank Frankfurt.

Konto-Nr. 517 321   BLZ 500 502 01   Kontoauszug 1
Sparkasse Frankfurt   UST-ID DE 183 034 912   Blatt 1

Datum	Erläuterungen	Betrag
Kontostand in EUR am 02.01.20.., 17:30 Uhr		62.000,00 +
02.01.	Erhöhung des Darlehens (Volksbank Frankfurt)	5.000,00 +
02.01.	Kunde Rindelhardt, Rg.-Nr. 104	12.000,00 +
03.01.	Lieferant Kühling GmbH, Rg.-Nr. 223	4.500,00 –
Kontostand in EUR am 04.01.20.., 09:20 Uhr		74.500,00 +

Fairtext GmbH
Walsroder Str. 6 a
60313 Frankfurt

IBAN: DE26 5005 0201 0000 5173 21
BIC: HELADEFF

Commerzbank Frankfurt

Kontonummer: 141 919 100   erstellt am: 04.01.20..   Auszug: 1   Blatt: 1/1

BLZ 500 400 00   Kontoauszug

Bu.-Tag	Wert	Vorgang		Betrag
		alter Kontostand		220.000,00 +
02.01.	02.01.	Erhöhung des Darlehens (Sparkasse Frankfurt)		5.000,00 –
03.01.	03.01.	Lieferant Pautsch OHG, Rg.-Nr. 344		20.000,00 –
		neuer Kontostand vom 04.01.20 ..		195.000,00 +

Fairtext GmbH
Walsroder Str. 6 a
60313 Frankfurt

USt-IdNr.: DE 183 034 912
IBAN: DE97 5004 0000 0141 9191 00   BIC: COBADEFF

Auf den beiden Kontoauszügen stehen mehrere Buchungspositionen. Frau Staudt fordert Anne und Carolin auf, die jeweiligen Geschäftsfälle zu nennen, die sich hinter den verschiedenen Buchungspositionen verbergen. Anschließend sollen sie überlegen, wie sich die gerade erstellte Bilanz verändern würde.

Handlungsaufgaben

1. Zählen Sie die Probleme auf, die Anne und Carolin klären müssen.
2. Definieren Sie, was wird unter einem Geschäftsfall verstanden wird.

3 ERFASSEN VON GESCHÄFTSPROZESSEN I

3. Anne und Carolin betrachten zunächst den Kontoauszug der Fairtext GmbH bei der Sparkasse.
   a) Formulieren Sie jeweils einen Geschäftsfall, der der entsprechenden Buchungsposition zugrunde liegt.
   b) Nun überlegen Anne und Carolin, welche Bilanzpositionen bei diesen gerade formulierten Geschäftsfällen betroffen sein könnten. Dabei wollen sie wissen, ob die betroffene Position auf der Aktivseite oder der Passivseite in der Bilanz steht. Anschließend wollen sie erkennen, ob es einen Tausch auf der Aktiv- oder Passivseite gegeben hat (Aktivtausch, Passivtausch) oder ob in einem Geschäftsfall sowohl die Aktiv- als auch die Passivseite betroffen sind (Aktiv-Passiv-Mehrung, Aktiv-Passiv-Minderung). Stellen Sie fest, wie sich der einzelne Geschäftsfall auf die Bilanzsumme auswirkt.

Geschäftsfall	Betroffene Bilanzpositionen	Aktiv- oder Passivseite	Aktivtausch Passivtausch Aktiv-Passiv-Mehrung Aktiv-Passiv-Minderung	Auswirkung auf die Bilanzsumme
1				

4. Als Nächstes betrachten Anne und Carolin den Kontoauszug des Darlehenskontos der Fairtext GmbH bei der Commerzbank.
   a) Formulieren Sie jeweils einen Geschäftsfall, der der entsprechenden Buchungsposition zugrunde liegt.
   b) Entsprechend der Aufgabe 3b) überlegen Anne und Carolin auch hier, welche Auswirkungen die Geschäftsfälle auf die Bilanz haben.

Geschäftsfall	Betroffene Bilanzpositionen	Aktiv- oder Passivseite	Aktivtausch Passivtausch Aktiv-Passiv-Mehrung Aktiv-Passiv-Minderung	Auswirkung auf die Bilanzsumme
1				
2				

5. Erstellen Sie nun eine neue Bilanz unter Berücksichtigung aller Geschäftsfälle.

Aktiva	(alte) Bilanz		Passiva
I. Anlagevermögen		I. Eigenkapital	685.000,00 €
Grundstücke	250.000,00 €	II. Eigenkapital	
Gebäude	460.000,00 €	Hypothekenschulden	390.000,00 €
BGA	62.000,00 €	Darlehensschulden	195.000,00 €
II. Umlaufvermögen		Verbindlichkeiten a. LL	148.000,00 €
Waren	400.000,00 €		
Forderungen a. LL	111.000,00 €		
Kassenbestand	8.000,00 €		
Kreditinstitute	127.000,00 €		
	1.418.000,00 €		1.418.000,00 €

Vertiefungs- und Anwendungsaufgabe

Formulieren Sie weitere Geschäftsfälle zum:
a) Aktivtausch
b) Passivtausch
c) Aktiv-Passiv-Mehrung
d) Aktiv-Passiv-Minderung

3.5 Wir lösen die Bilanz in aktive und passive Bestandskonten auf

Handlungssituation

Anne Schulte hat mit Frau Staudt, Mitarbeiterin der Abteilung Rechnungswesen, am ersten Tag des neuen Jahres aus den Geschäftsfällen eine neue Bilanz erstellt. Carolin Saager hat wieder assistiert. Anne hat noch ein paar Fragen:

Anne: „Frau Staudt, ist es nicht ziemlich aufwendig, jeden Tag wieder eine neue Bilanz zu erstellen?"

Frau Staudt: „Ja, Frau Schulte, das ist in der Tat sehr aufwendig. Dies wird auch im Tagesgeschehen nicht so praktiziert. Hier sollte Ihnen nur das Grundprinzip klar werden, wie die einzelnen Geschäftsfälle auf die Bilanz am Ende wirken."

Anne: „Was wird denn stattdessen gemacht?"

Frau Staudt: „Jede Bilanzposition wird während eines Geschäftsjahres als einzelnes aktives oder passives Bestandskonto geführt. Hier werden dann die laufenden Geschäftsfälle eines Geschäftsjahres gebucht. Am Ende des Geschäftsjahres wird dann jedes einzelne Konto wieder abgeschlossen und eine Abschlussbilanz erstellt."

Anne: „Das verstehe ich nicht."

Frau Staudt: „Das macht nichts. Das werden wir gemeinsam mit den Daten des Kontoauszugs (vgl. Situation zu Kapitel 3.4) durchführen."

Handlungsaufgaben

1. Geben Sie an, welche Probleme Anne und Carolin bei der Erstellung der Bestandskonten klären müssen.
2. Frau Staudt legt Anne und Carolin noch einmal die Eröffnungsbilanz der Fairtext GmbH sowie die Geschäftsfälle des ersten Tages im neuen Jahr vor:

3 ERFASSEN VON GESCHÄFTSPROZESSEN I

Aktiva		Eröffnungsbilanz		Passiva
I. Anlagevermögen		I. Eigenkapital		685.000,00 €
Grundstücke	250.000,00 €	II. Fremdkapital		
Gebäude	460.000,00 €	Hypothekenschulden		390.000,00 €
BGA	62.000,00 €	Darlehensschulden		195.000,00 €
II. Umlaufvermögen		Verbindlichkeiten a. LL		148.000,00 €
Waren	400.000,00 €			
Forderungen a. LL	111.000,00 €			
Kassenbestand	8.000,00 €			
Kreditinstitute (Bank)	127.000,00 €			
	1.418.000,00 €			1.418.000,00 €

Geschäftsfälle:

1. Wir erhöhen unser Darlehen um 5.000,00 € bei der Commerzbank. Das Geld wird unserem laufenden Konto bei der Sparkasse1 Hannover gutgeschrieben.
2. Unser Kunde Rindelhardt überweist uns 12.000,00 € auf das Sparkassenkonto, um eine Rechnung zu begleichen.
3. Wir überweisen unserem Lieferanten Kühling 4.500,00 € vom Bankkonto, um unsere Rechnung zu begleichen.
4. Wir begleichen eine Lieferantenrechnung durch Erhöhung unseres Darlehens um 20.000,00 €.

a) Definieren Sie den Begriff „aktive Bestandskonten". Nennen Sie die aktiven Bestandskonten der Eröffnungsbilanz.
b) Definieren Sie den Begriff „passive Bestandskonten". Nennen Sie die passiven Bestandskonten der Eröffnungsbilanz.

3. Stellen Sie in dem unten stehenden Aktivkonto und dem Passivkonto dar, wo der Anfangsbestand, die Zugänge, die Abgänge und der Schlussbestand jeweils eingetragen werden.

S	Aktivkonto	H	S	Passivkonto	H

4. Frau Staudt empfiehlt Anne und Carolin, sich bei den Geschäftsfällen immer folgende in der Tabelle stehenden vier Fragen zu stellen. Helfen Sie den beiden, indem Sie die nachfolgende Tabelle ausfüllen.

Fragen \ Geschäftsfall	Welche Konten werden durch den Geschäftsfall berührt?	Sind es aktive oder passive Bestandskonten?	Liegt ein Zugang (+) oder ein Abgang (./.) auf dem Konto vor?	Auf welcher Kontenseite wird die Veränderung eingetragen?
Wir erhöhen unser Darlehen um 5.000,00 € bei der Commerzbank. Das Geld wird unserem laufenden Konto bei der Sparkasse Frankfurt gutgeschrieben.	1. Konto			
	2. Konto			

3.5 WIR LÖSEN DIE BILANZ IN AKTIVE UND PASSIVE BESTANDSKONTEN AUF

Geschäftsfall / Fragen	Welche Konten werden durch den Geschäftsfall berührt?	Sind es aktive oder passive Bestandskonten?	Liegt ein Zugang (+) oder ein Abgang (./.) auf dem Konto vor?	Auf welcher Kontenseite wird die Veränderung eingetragen?
Unser Kunde Rindelhardt überweist uns 12.000,00 € auf das Sparkassenkonto, um eine Rechnung zu begleichen.	1. Konto			
	2. Konto			
Wir überweisen unserem Lieferanten Kühling 4.500,00 € vom Bankkonto, um unsere Rechnung zu begleichen.	1. Konto			
	2. Konto			
Wir begleichen eine Lieferantenrechnung durch Erhöhung unseres Darlehens um 20.000,00 €.	1. Konto			
	2. Konto			

5. a) Eröffnen Sie alle aktiven und passiven Bestandskonten aus der Bilanz der Fairtext GmbH.
   b) Buchen Sie die Geschäftsfälle der beiden Kontoauszüge auf die entsprechenden Bestandskonten.
   c) Schließen Sie die Bestandskonten ab.
   d) Erstellen Sie eine Schlussbilanz.

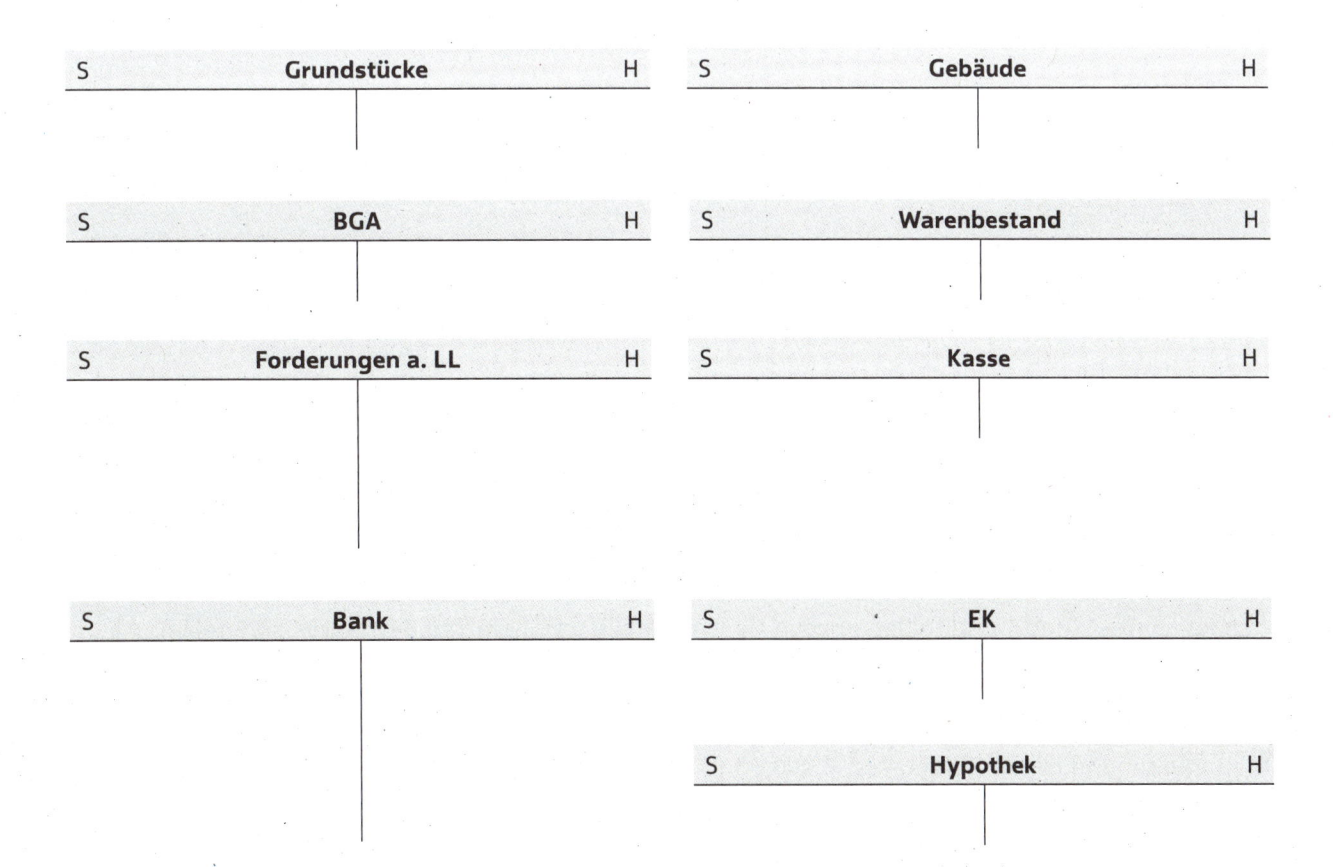

S	Grundstücke	H		S	Gebäude	H

S	BGA	H		S	Warenbestand	H

S	Forderungen a. LL	H		S	Kasse	H

S	Bank	H		S	EK	H

				S	Hypothek	H

3 ERFASSEN VON GESCHÄFTSPROZESSEN I

S	Darlehen	H		S	Verbindlichkeiten	H

Aktiva	Schlussbilanz	Passiva
I. Anlagevermögen		I. Eigenkapital
Grundstücke		II. Fremdkapital
Gebäude		Hypothekenschulden
BGA		Darlehensschulden
II. Umlaufvermögen		Verbindlichkeiten a. LL
Waren		
Forderungen a. LL		
Kassenbestand		
Kreditinstitute		

6. Sammeln Sie mit Ihrem Banknachbarn/Ihrer Banknachbarin grundsätzliche Bestimmungen/Erläuterungen zum Führen eines Bestandskontos.

	Aktives Bestandskonto	Passives Bestandskonto
AB		
Zugänge		
Abgänge		
SB		
Berechnung des SB		
Kontosumme		
Buchhalternase		

Vertiefungs- und Anwendungsaufgabe

Bei der Fairtext GmbH sind folgende zehn Geschäftsfälle an einem Tag des Jahres angefallen:
1. Bareinkauf eines neuen PC für 1.200,00 €.
2. Einkauf von Waren auf Ziel für 800,00 €.
3. Kauf eines neuen Lkw per Postbanküberweisung in Höhe von 14.500,00 €.
4. Barabhebung bei der Sparkasse, 4.000,00 €.
5. Kunde bezahlt Rechnung per Banküberweisung, 900,00 €.
6. Bezahlung einer Lieferantenrechnung in Höhe von 3.000,00 € durch Banküberweisung.

7. Ein bewilligtes Darlehen von 6.000,00 € wird dem Postbankkonto gutgeschrieben.
8. Kauf eines kleinen Grundstücks durch Banküberweisung, 15.000,00 €.
9. Verkauf von Waren gegen Barzahlung, 80,00 €.
10. Verkauf von Waren. Der Kunde zahlt 150,00 € mit der Girocard.

Beantworten Sie zu den zehn Geschäftsfällen die in der ersten Zeile stehenden Fragen.

Geschäfts-fall	Welche Konten werden durch den Geschäftsfall berührt?	Sind die Bestandskonten aktiv oder passiv?	Liegt ein Zugang (+) oder ein Abgang (./.) auf dem Konto vor?	Auf welcher Kontenseite wird die Veränderung eingetragen?
1				
2				
3				
4				
5				
6				
7				
8				
9				
10				

3.6 Wir lernen den Buchungssatz kennen

Handlungssituation

In der Abteilung Rechnungswesen der Fairtext GmbH ist heute viel los. Es sind mehrere Belege eingegangen, die alle noch gebucht werden müssen. Frau Staudt beauftragt die Auszubildende Anne Schulte damit, die gesamten Belege als einfache und zusammengesetzte Buchungssätze in das Grundbuch einzutragen, damit diese später ins Hauptbuch übertragen werden können. Praktikantin Carolin Saager soll ihr dabei helfen.

MEWAX GmbH
Damenbekleidung

Mewax GmbH · Goethestraße 137 · 31135 Hildesheim

Fairtext GmbH
Walsroder Str. 6a
60313 Frankfurt am Main

Tel.: 05121 47118
Fax: 05121 47110
Website: mewax-store.de

Kunden-Nr.: 2119
Rechnungs-Nr.: 40 109
bitte stets angeben!

Datum: 8. Januar 20..

EINGEGANGEN 10. Jan. 20.. Erl. ....

Rechnung — ER 3195

Artikel-Nr.	Menge	Artikelbezeichnung	Einzelpreis/€	Gesamtpreis/€
550-Hz	100	Holzfällerhemden	83,00	8.300,00
				8.300,00

Bezahlung innerhalb von 10 Tagen – 2 % Skonto;
innerhalb von 40 Tagen netto.

---

fairtext GmbH
Textilgroßhandlung

Fairtext GmbH · Walsroder Str. 6a · 60313 Frankfurt am Main

Söffgen OHG
Bergstraße 11
51503 Rösrath

Kundennr.: 10101
Lieferdatum: 09.01.20..
Bestelldatum: 06.01.20..
Rechnungsnr.: 007/20..

Name: Frau Staudt
Telefon: 069 4155-51
Internet: www.fairtext-wvd.de
E-Mail: staudt@fairtext-wvd.de

Datum: 09.01.20..

Rechnung

Pos.	Einheit	Artikel	Menge	Preis je Einheit/€	Betrag/€
1	St.	Damenpullover „Elle" GTIN 4024009494178	25	45,49	1.137,25

3.6 WIR LERNEN DEN BUCHUNGSSATZ KENNEN

grundlach
Möbelwerke

EINGEGANGEN
13. Jan. 20..

Möbelwerke Grundlach · Osterstr. 12 · 27239 Twistringen

Fairtext GmbH
Walsroder Str. 6 a
60313 Frankfurt am Main

Kundennr.: 2588
Lieferdatum: 12.01.20..
Rechnungsnr.: 158 UH
Bestelldatum:
Ihr Zeichen:
Rechnungsdatum: 12.01.20..

Bitte bei Zahlung oder Zuschrift immer angeben!

sachlich richtig May, 13.01.20..
rechnerisch richtig Run, 13.01.20..

Rechnung

Pos.	Artikelnr.	Artikelbezeichnung	Menge u. Einheit	Preis je Einheit in €	Betrag in €
01	1700	Schreibtisch „Edelholz"	4 St.	600,00	2.400,00
02	1701	Kabelführung	4 St.	25,00	100,00
03	1746	Lampenhalter	4 St.	35,00	140,00
04	1799	Montage/Aufbau	3 Std.	60,00	180,00
		Gesamtbetrag			2.820,00

Zahlbar innerhalb von 30 Tagen ohne Abzug.

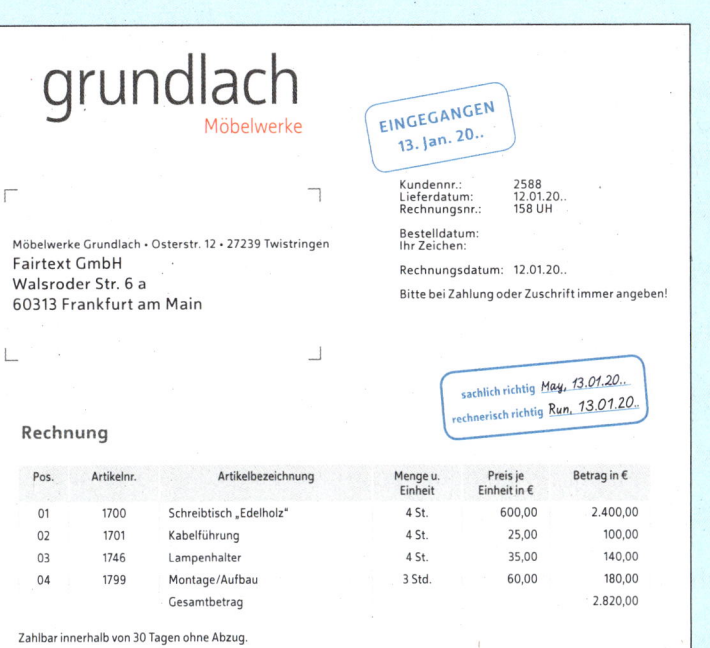

Fairtext GmbH
Walsroder Str. 6 a | 60313 Frankfurt am Main
Tel.: 069 4155-0 Fax: 0511 4155-10
USt-IdNr. DE 183 631 402

1909 BAR-1 2875 0015 095
Damenpullover
    VK 1A   25,55
Jeansweste
    VK 1A   54,13
Jogginganzug
    VK 1A   53,55
Boxershort
    VK 5A 5x2,05   10,25
    SUMME EUR   143,48
xxxxxxxxxxxxxxxxxxxxxxxxxxxxxx
inklusive 19% USt   22,19
xxxxxxxxxxxxxxxxxxxxxxxxxxxxxx
    BAR   150,00
    RüCKGELD   6,52

VIELEN DANK FÜR IHREN EINKAUF

13.01.20..   09:04:15

Commerzbank Frankfurt
BLZ 500 400 00

	Kontonummer	erstellt am	Auszug	Blatt
	141 919 100	18.01.20..	8	1/1

Kontoauszug

Bu.-Tag	Wert	Vorgang		Betrag
		alter Kontostand		220.000,00 +
16.01.	02.01.	Tilgung des Darlehens		10.000,00 –
		neuer Kontostand vom 18.01.20..		**210.000,00 +**

Fairtext GmbH
Walsroder Str. 6 a
60313 Frankfurt am Main

USt-IdNr.: DE 183 034 912
IBAN: DE97 5004 0000 0141 919 100 BIC: COBADEFF

Konto-Nr. 517 321	BLZ 500 502 01	Kontoauszug 8
Sparkasse Frankfurt	UST-ID DE 183 034 912	Blatt 1

Datum	Erläuterungen	Betrag
Kontostand in EUR am 17.01.20.., 13:45 Uhr		84.000,00 +
17.01.	Lieferant Mewax GmbH, Rg.-Nr. 223	8.300,00 –
18.01.	Barabhebung	3.000,00 –
Kontostand in EUR am 18.01.20.., 09:25 Uhr		72.700,00 +

Fairtext GmbH
Walsroder Str. 6 a
60313 Frankfurt am Main

IBAN: DE26 5005 0201 0000 5173 21
BIC: HELADEFF

3 ERFASSEN VON GESCHÄFTSPROZESSEN I

Handlungsaufgaben

1. Geben Sie an, was Anne und Carolin bei der Erstellung der Buchungssätze beachten müssen.
2. Frau Staudt beauftragt Anne und Carolin zunächst damit herauszufinden, was ein Buchungssatz überhaupt ist und wie er gebildet wird.
   a) Definieren Sie den Begriff „Buchungssatz".
   b) Definieren Sie den Begriff „Grundbuch" (oder Journal).
   c) Definieren Sie den Begriff „Hauptbuch".
3. Anne und Carolin sollen sich nun ganz konkret mit der Erstellung der Buchungssätze zu den sechs Belegen befassen. Dazu müssen sie zunächst wesentliche Eigenschaften und Merkmale eines Buchungssatzes erkennen.
   a) Nennen Sie fünf wesentliche Eigenschaften/Merkmale, die bei der Erstellung eines Buchungssatzes beachtet werden müssen.
   b) Formulieren Sie zu den sechs Belegen aus der Handlungssituation die Geschäftsfälle aus.
   c) Der einfache Buchungssatz besteht nur aus zwei Positionen, einer Sollbuchung und einer Habenbuchung. Erstellen Sie für die ersten fünf Belege die entsprechenden einfachen Buchungssätze. Dabei sollten Sie sich die folgende Fragen stellen:
      1. Welche Konten werden durch den Geschäftsfall berührt?
      2. Sind es aktive oder passive Bestandskonten?
      3. Liegt ein Zugang (+) oder ein Abgang (./.) auf dem Konto vor?
      4. Auf welcher Kontenseite wird die Veränderung eingetragen?

Tag	Beleg	Buchungssatz	Soll	Haben

   d) Beim zusammengesetzten Buchungssatz werden mehr als zwei Konten benötigt. Erstellen Sie unter Beachtung der Eigenschaften/Merkmale eines Buchungssatzes einen zusammengesetzten Buchungssatz zu Beleg 6 (Kontoauszug der Sparkasse).

Tag	Beleg	Buchungssatz	Soll	Haben

4. Stellen Sie dar, welche Gründe für die Erstellung eines Grundbuchs bzw. für die Erstellung von Buchungssätzen sprechen.

3.6 WIR LERNEN DEN BUCHUNGSSATZ KENNEN

Vertiefungs- und Anwendungsaufgaben

1. Bilden Sie zu den folgenden Geschäftsfällen der Fairtext GmbH die Buchungssätze im Grundbuch.
   1. Wir kaufen ein Grundstück zur Erweiterung der Verkaufsräume durch Aufnahme einer Hypothek bei der Bank, 80.000,00 €.
   2. Wir zahlen Bargeld auf unser Postbankkonto, 1.200,00 €.
   3. Wir wandeln eine Lieferantenschuld in eine Darlehensschuld um, 8.000,00 €.
   4. Wir kaufen einen neuen PC im Wert von 900,00 € auf Ziel.
   5. Wir verkaufen Waren bar, 150,00 €.
   6. Wir kaufen einen gebrauchten Pkw, bar 1.500,00 €, durch Postbanküberweisung 4.000,00 € und durch Banküberweisung 3.500,00 €.
   7. Wir erhalten folgende Zahlungseingänge bei der Bank: von Kunde Meyermann 2.500,00; Bareinzahlung 500,00 €.
   8. Wir kaufen Waren; auf Ziel 1.800,00 €, gegen Bankscheck 3.200,00 €.

Beleg	Buchungssatz	Soll	Haben
1.			
2.			
3.			
4.			
5.			
6.			
7.			
8.			

2. Nennen Sie die Geschäftsfälle, mit denen folgende Buchungssätze im Grundbuch gebucht wurden.

Beleg	Buchungssatz	Soll	Haben
1.	Postbank an Kasse	3.000,00	3.000,00
2.	Forderungen an Fuhrpark	8.250,00	8.250,00
3.	Darlehen an Bank	1.000,00	1.000,00
4.	Verbindlichkeiten an Bank	11.900,00	11.900,00
5.	Warenbestand an Verbindlichkeiten	2.800,00	2.800,00
6.	Forderungen an Warenbestand	920,00	920,00
7.	Kasse an Warenbestand	550,00	550,00
8.	BGA an Kasse	1.200,00	1.200,00

Beleg	Geschäftsfall
1.	
2.	
3.	
4.	
5.	
6.	
7.	
8.	

3.7 Wir lernen das Eröffnungsbilanzkonto und das Schlussbilanzkonto kennen

Handlungssituation

Anne Schulte und Carolin Saager bekommen den Auftrag, für das Geschäftsjahr die nachfolgenden Geschäftsfälle zu buchen. Dazu müssen sie zunächst ein Grundbuch erstellen und die Buchungssätze anschließend im Hauptbuch buchen.

Nachfolgend sind die Eröffnungsbilanz und die Geschäftsfälle dargestellt:

3.7 WIR LERNEN DAS ERÖFFNUNGSBILANZKONTO UND DAS SCHLUSSBILANZKONTO KENNEN

Aktiva	Eröffnungsbilanz		Passiva
I. Anlagevermögen		I. Eigenkapital	685.000,00 €
Grundstücke	250.000,00 €	II. Fremdkapital	
Gebäude	460.000,00 €	Hypothekenschulden	390.000,00 €
BGA	62.000,00 €	Darlehensschulden	220.000,00 €
II. Umlaufvermögen		Verbindlichkeiten a. LL	123.500,00 €
Waren	400.000,00 €		
Forderungen a. LL	99.000,00 €		
Kassenbestand	8.000,00 €		
Postbank	20.000,00 €		
Kreditinstitute	119.500,00 €		
	1.418.500,00 €		1.418.500,00 €

Geschäftsfälle:

1. Kauf eines Grundstücks zur Erweiterung der Verkaufsräume durch Aufnahme einer Hypothek bei der Bank; 80.000,00 €
2. Bareinzahlung auf das Postbankkonto, 1.200,00 €
3. Umwandlung einer Lieferantenschuld in eine Darlehensschuld, 8.000,00 €
4. Kauf eines PCs, 900,00 € auf Ziel.
5. Barverkauf von Waren, 150,00 €
6. Erweiterung der Verkaufsräume, bar 1.000,00 €, Postbanküberweisung 4.000,00 € und Banküberweisung 45.000,00 €
7. Zahlungseingang bei der Bank: von Kunde Meyermann 2.500,00; Bareinzahlung 500,00 €
8. Kauf von Waren; auf Ziel 1.800,00 €, gegen Bankscheck 3.200,00 €

Anne: „Frau Staudt, wie kann ich denn diese Fälle buchen und abschließen?"

Frau Staudt: „Sie müssen zunächst ein Eröffnungsbilanzkonto erstellen. Dann werden die Eröffnungsbestände gebucht, die Werte der Buchungssätze in die jeweiligen Bestandskonten übertragen und die Konten abgeschlossen."

Carolin: „Und wie schließe ich ein Konto ab?"

Frau Staudt: „Sie müssen die Schlussbestände der jeweiligen Konten ermitteln und diese dann in das Schlussbilanzkonto übertragen. Dazu sind dann auch Abschlussbuchungen zu erstellen."

Anne: „Puuh, das sind ja viele neue Begriffe ..."

Frau Staudt: „Keine Angst, das werden wir jetzt gemeinsam bearbeiten ..."

Handlungsaufgaben

1. Führen Sie an, was Anne und Carolin beim Buchen beachten müssen.
2. Frau Staudt erklärt Anne und Carolin, dass ein Eröffnungsbilanzkonto (EBK) ein Hilfskonto ist, das seitenverkehrt im Vergleich zur Eröffnungsbilanz aufgebaut ist. Da es sich hier um ein Konto handelt, werden die beiden Seiten in Soll und Haben eingeteilt. Auf die Begriffe Anlagevermögen, Umlaufvermögen und langfristige Verbindlichkeiten wird dabei aus Übersichtsgründen verzichtet. Die beiden sollen soll nun das EBK erstellen.

3 ERFASSEN VON GESCHÄFTSPROZESSEN I

3. Frau Staudt erläutert weiter, dass zu jeder Position eine Eröffnungsbuchung durchgeführt werden muss. Diese funktioniert nach folgendem Prinzip:
   - aktive Bestandskonten an Eröffnungsbilanzkonto und
   - Eröffnungsbilanzkonto an passive Bestandskonten.

   Anne und Carolin sollen, sich jeweils zwei aktive und passive Bestandskonten aussuchen, um hier die Eröffnungsbuchungen vorzunehmen.

Tag	Buchungssatz	Soll	Haben

4. Nun sollen Anne und Carolin ein Grundbuch erstellen und die acht zu Beginn dargestellten Geschäftsfälle ebenfalls als Buchungssätze formulieren.

Beleg	Buchungssatz	Soll	Haben
1.			
2.			
3.			
4.			
5.			
6.			
7.			
8.			

3.7 WIR LERNEN DAS ERÖFFNUNGSBILANZKONTO UND DAS SCHLUSSBILANZKONTO KENNEN

5. Anne und Carolin müssen die Daten aus dem Grundbuch (Eröffnungsbuchungen und Buchungssätze) in das Hauptbuch übertragen.

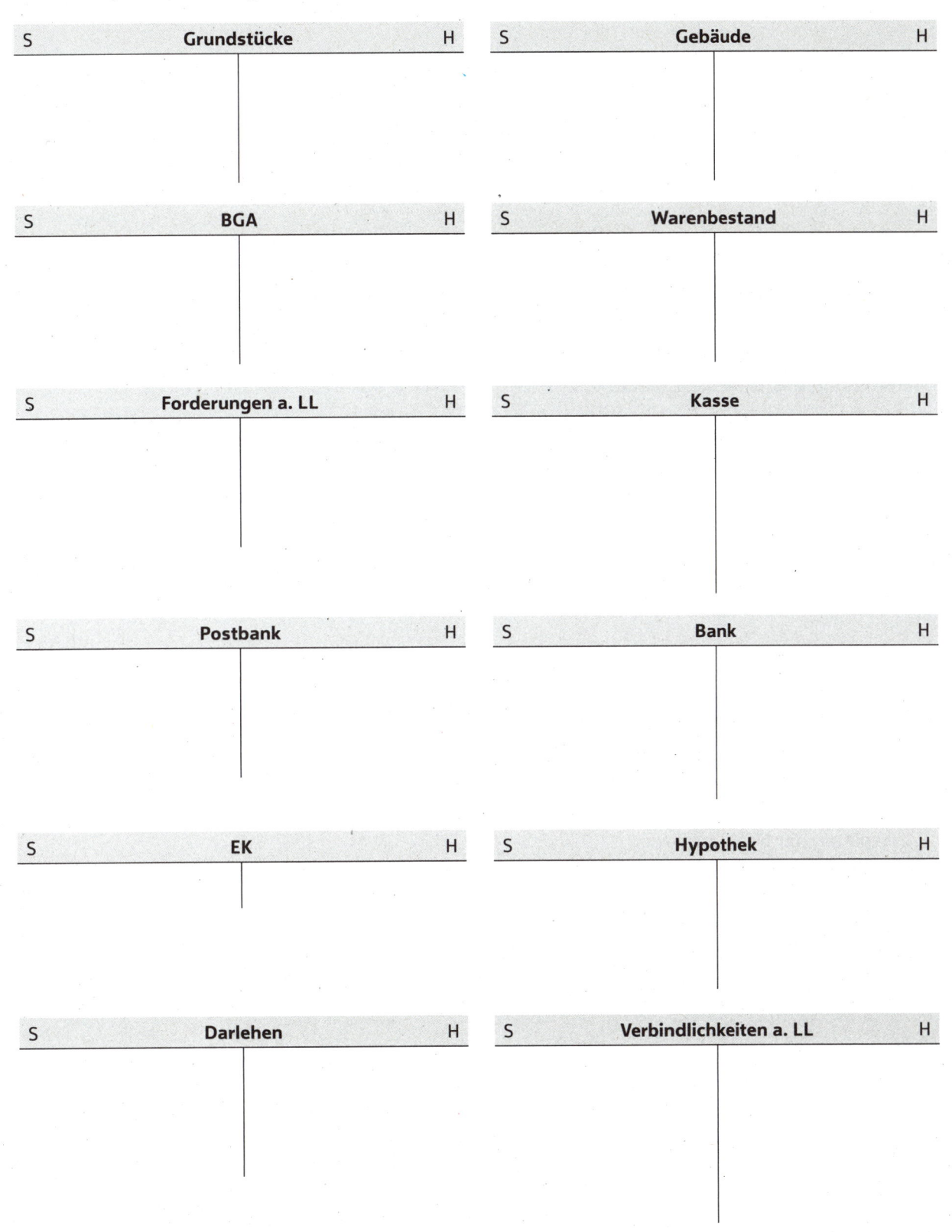

S	Grundstücke	H	S	Gebäude	H

S	BGA	H	S	Warenbestand	H

S	Forderungen a. LL	H	S	Kasse	H

S	Postbank	H	S	Bank	H

S	EK	H	S	Hypothek	H

S	Darlehen	H	S	Verbindlichkeiten a. LL	H

6. Nachdem alle Buchungen im Hauptbuch vorgenommen worden sind, müssen die Konten abgeschlossen werden. Diese Buchungen funktionieren nach folgendem Prinzip:
- Schlussbilanzkonto (SBK)   an   aktive Bestandskonten   und
- passive Bestandskonten   an   Schlussbilanzkonto (SBK).

Anne und Carolin sollen sich jeweils dieselben zwei aktiven und passiven Bestandskonten aussuchen, um hier die Abschlussbuchungen vorzunehmen.

3 ERFASSEN VON GESCHÄFTSPROZESSEN I

Tag	Buchungssatz	Soll	Haben

7. Die beiden sollen nun auf Basis aller Schlussbestände (SB) das Schlussbilanzkonto (SBK) erstellen und daraus schließlich die Schlussbilanz ableiten.

Erstellung des Schlussbilanzkontos:

SBK	

Erstellung der Schlussbilanz:

Aktiva	Schlussbilanz	Passiva

8. Anne und Carolin sollen nun die Eröffnungsbuchungen mit den Abschlussbuchungen vergleichen. Erläutern Sie, was Ihnen auffällt.

3.8 WIR BUCHEN AUFWENDUNGEN UND ERTRÄGE AUF ERFOLGSKONTEN

Vertiefungs- und Anwendungsaufgaben

1. Frau Tegtmeyer aus der Buchhaltung der Fairtext GmbH hat Urlaub, die Auszubildende Anne Schulte soll sie unter Mithilfe der Praktikantin Carolin Saager vertreten. Die beiden bekommen bei der Durchsicht der Unterlagen eine Aufstellung in die Hand, auf der u. a. die einzelnen Positionen des Anlage- und Umlaufvermögens der Fairtext GmbH auf der Habenseite aufgeführt sind. Geben Sie an, um welche Aufstellung es sich handelt.

   a) Abgrenzungstabelle zwischen Buchführung und Kostenrechnung

   b) Erfolgsrechnung

   c) Eröffnungsbilanzkonto

   d) Saldenbilanz II der Betriebsübersicht

   e) Liquiditätsrechnung

2. Anne und Carolin wollen sich während des Urlaubs von Frau Tegtmeyer noch einmal die Reihenfolge der Buchführungsarbeiten vom Erstellen des Eröffnungsbilanzkontos bis zum Schlussbilanzkonto aufschreiben. Helfen Sie ihnen, indem Sie die folgenden Tätigkeiten ordnen.

   Buchen der laufenden Geschäftsfälle

   Abschluss der Bestandskonten aufs Schlussbilanzkonto

   Eröffnungsbuchungen

   Erstellen des Eröffnungsbilanzkontos

   Durchführen der vorbereitenden Abschlussbuchungen

3.8 Wir buchen Aufwendungen und Erträge auf Erfolgskonten

Handlungssituation

Anne und Carolin ist aufgefallen, dass es bislang bei allen Buchungen zu keiner Veränderung des Eigenkapitals gekommen ist. Anne spricht Frau Staudt darauf an:

Anne: „Frau Staudt, warum gibt es denn keine Veränderungen des Eigenkapitals?"

Frau Staudt: „Das trifft sich gut. Gerade habe ich einen Kontoauszug erhalten, auf dem einige Buchungspositionen stehen, die sich auf das Eigenkapital auswirken."

Anne: „Und welche sind das?"

Frau Staudt: „Schauen Sie sich den Auszug einmal genau an. Versuchen Sie zunächst herauszufinden, welche Geschäftsfälle sich hinter den Buchungspositionen verbergen. Dann sollten Sie die Buchungssätze aufstellen, auf Konten buchen und diese Konten abschließen."

Anne: „Gut, dann werde ich damit beginnen …"

3 ERFASSEN VON GESCHÄFTSPROZESSEN I

Konto-Nr. 517 321	BLZ 500 502 01	Kontoauszug 20
Sparkasse Frankfurt	UST-ID DE 183 034 912	Blatt 1
Datum	Erläuterungen	Betrag

Kontostand in EUR am 01.04.20.., 13:45 Uhr — 75.700,00 +

02.04.	Miete für Lagerhalle Monat März	500,00 −
02.04.	Zinsen	25,98 −
02.04.	Provisionsgutschrift	1.500,00 +
03.04.	Zinsen auf Guthaben	5,75 +
03.04.	Rg.-Nr. 12345; Wittkop & Co. GmbH	1.000,00 −

Kontostand in EUR am 04.04.20.., 09:25 Uhr — 75.679,77 +

Fairtext GmbH
Walsroder Str. 6 a
60313 Frankfurt am Main

IBAN: DE26 5005 0201 0000 5173 21
BIC: HELADEFF

Handlungsaufgaben

1. Nennen Sie die Probleme, die Anne und Carolin klären müssen.
2. Die beiden sollen sich sich zunächst überlegen, welche möglichen Geschäftsfälle sich direkt auf das Eigenkapital auswirken könnten.
   a) Nennen Sie fünf mögliche Geschäftsfälle, die zu einer Veränderung des Eigenkapitals der Fairtext GmbH führen würden.
   b) Es wird zwischen Aufwendungen (= Werteverzehr an Gütern und Dienstleistungen) und Erträgen (= Wertzuflüsse innerhalb einer Abrechnungsperiode) unterschieden. Ordnen Sie Ihre fünf gewählten Beispiele entsprechend zu.

Aufwendungen	Erträge

   c) Anne und Carolin sollen nun die Geschäftsfälle zu den einzelnen Buchungspositionen des Kontoauszugs nennen.
   d) Frau Staudt erklärt, dass die Geschäftsfälle, die das Eigenkapital beeinflussen, nicht direkt auf dem passiven Bestandskonto „Eigenkapital" gebucht werden, sondern dass für verschiedene Geschäftsfälle eigene Unterkonten des Eigenkapitals gebildet werden.
   Nennen Sie die (Unter-)Konten, die Sie für die Geschäftsfälle 1–4 aus Aufgabe 2c) bilden würden.

3. Anne und Carolin wollen nun die fünf Buchungssätze zum vorliegenden Kontoauszug bilden.
   a) Erstellen Sie die fünf Buchungssätze.

3.8 WIR BUCHEN AUFWENDUNGEN UND ERTRÄGE AUF ERFOLGSKONTEN

Tag	Beleg	Buchungssatz	Soll	Haben
05.04.	1.			
05.04.	2.			
05.04.	3.			
05.04.	4.			
05.04.	5.			

b) Geben Sie an, welche Besonderheiten Ihnen auffallen.

4. Frau Staudt zeigt Anne und Carolin nun die aktuelle Bilanz: „Diese benötigen Sie, um gegebenenfalls die Anfangsbestände in das jeweilige Konto einzutragen."[1]

Aktiva	Eröffnungsbilanz		Passiva
I. Anlagevermögen		I. Eigenkapital	685.000,00 €
Grundstücke	330.000,00 €	II. Fremdkapital	
Gebäude	510.000,00 €	Hypothekenschulden	470.000,00 €
BGA	62.900,00 €	Darlehensschulden	228.000,00 €
II. Umlaufvermögen		Verbindlichkeiten a. LL	119.600,00 €
Waren	404.850,00 €		
Forderungen a. LL	96.500,00 €		
Kassenbestand	5.450,00 €		
Kreditinstitute	17.200,00 €		
Bank	75.700,00 €		
	1.502.600,00 €		1.502.600,00 €

a) Eröffnen Sie (nur) die sechs Konten zu den Buchungssätzen aus Aufgabe 3.
b) Übertragen Sie die Werte der Buchungssätze in die Konten.

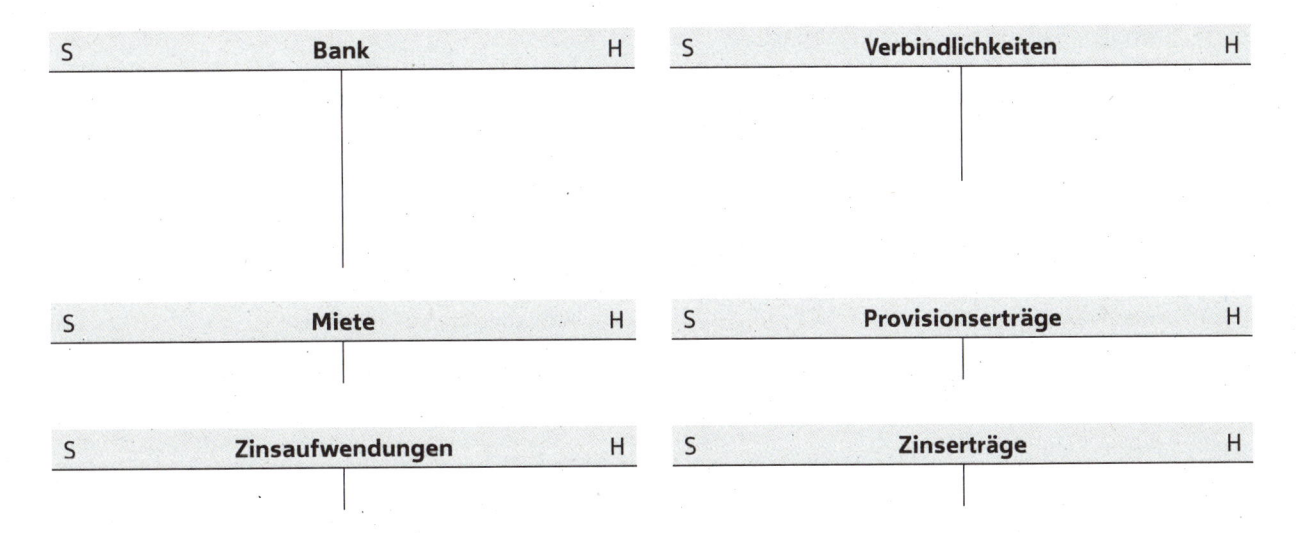

S	Bank	H	S	Verbindlichkeiten	H

S	Miete	H	S	Provisionserträge	H

S	Zinsaufwendungen	H	S	Zinserträge	H

---
[1] Im weiteren Verlauf dieser Aktion wird auf die Erstellung des EBK und der gesamten Bestandskonten verzichtet.

c) Nennen Sie den wesentlichen buchhalterischen Unterschied zwischen einem Bestandskonto und einem Erfolgskonto.
d) Vergleichen Sie die Werte des Bankkontos mit den Werten des Kontoauszugs zu Beginn. Erläutern Sie dabei den Unterschied zwischen dem Schlussbestand eines Kontos und dessen Kontosumme.

5. Anne und Carolin sind sich unsicher, wie sie die einzelnen Konten abschließen sollen. Die Bestandskonten (Bank und Verbindlichkeiten) werden über das SBK abgeschlossen. Die beiden holen sich Rat bei Frau Staudt.
Frau Staudt: „Sie müssen die Erfolgskonten über das Gewinn- und Verlustkonto (GuV) abschließen. Das GuV wird dann wiederum über das Eigenkapitalkonto (EK) abgeschlossen, das EK dann über das SBK."

a) Schließen Sie die oben stehenden sechs Konten ab.
b) Übertragen Sie die entsprechenden Schlussbestände in die Konten GuV und EK.

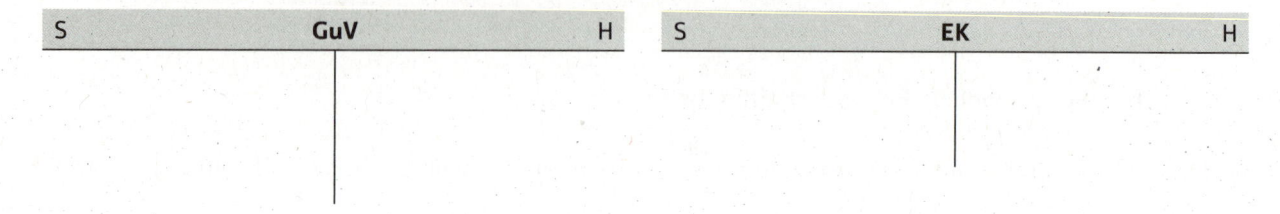

S	GuV	H		S	EK	H

c) Geben Sie den Gewinn oder Verlust an, nachdem Sie den Saldo auf dem GuV-Konto gebildet haben.
d) Schließen Sie das GuV über das EK ab.
e) Übertragen Sie die SB der Bestandskonten ins SBK.

S	SBK		H
Grundstücke	330.000,00 €	EK	
Gebäude	510.000,00 €	Hypothekenschulden	470.000,00 €
BGA	62.900,00 €	Darlehensschulden	228.000,00 €
Warenbestand	404.850,00 €	Verbindlichkeiten	
Forderungen	96.500,00 €		
Kasse	5.450,00 €		
Postbank	17.200,00 €		
Bank			

f) Erstellen Sie die neue Schlussbilanz.

Aktiva	Schlussbilanz		Passiva
I. Anlagevermögen		I. Eigenkapital	
Grundstücke	330.000,00 €	II. Fremdkapital	
Gebäude	510.000,00 €	Hypothekenschulden	470.000,00 €
BGA	62.900,00 €	Darlehensschulden	228.000,00 €
II. Umlaufvermögen		Verbindlichkeiten a. LL	
Waren	404.850,00 €		
Forderungen a. LL	96.500,00 €		
Kassenbestand	5.450,00 €		
Kreditinstitute	17.200,00 €		
Bank			

3.8 WIR BUCHEN AUFWENDUNGEN UND ERTRÄGE AUF ERFOLGSKONTEN

Vertiefungs- und Anwendungsaufgaben

1. Bei der Fairtext GmbH sind folgende zehn Geschäftsfälle angefallen:
   1. Wir verkaufen Waren für 18.200,00 €, bar.
   2. Wir kaufen Waren ein auf Ziel für 14.000,00 €.
   3. Banküberweisung der monatlichen Miete für eine Lagerhalle, 1.300,00 €
   4. Es geht eine Rechnung ein für Malerarbeiten für die Neugestaltung des Bürogebäudes, 9.200,00 €.
   5. Unserem Bankkonto werden Zinsen gutgeschrieben, 430,00 €.
   6. Wir kaufen Druckerpapier bar, 650,00 €.
   7. Die jährlichen Darlehenszinsen werden vom Bankkonto abgebucht, 2.800,00 €.
   8. Wir verkaufen Waren auf Ziel, Warenwert 12.300,00 €.
   9. Wir kaufen einen neuen Bürostuhl gegen Rechnung, 1.200,00 €.
   10. Die monatlichen Beiträge für eine Fachzeitschrift werden vom Bankkonto abgebucht, 100,00 €.

   Verwenden Sie folgende Konten:

   Betriebs- und Geschäftsausstattung (BGA,) Wareneingang, Forderungen a. LL, Vorsteuer, Bank, Kasse, Verbindl. a. LL, Warenverkauf, Zinserträge, Instandhaltung, Mieten, Bürobedarf, Gebühren und sonst. Abgaben, Zinsaufwendungen.

   a) Stellen Sie zu den zehn Geschäftsfällen den entsprechenden Buchungssatz.

Beleg	Buchungssatz	Soll	Haben

b) Ermitteln Sie den Erfolg des Unternehmens, indem Sie (nur) alle Erfolgskonten führen, abschließen und mithilfe des GuV-Kontos den Gewinn oder Verlust darstellen.

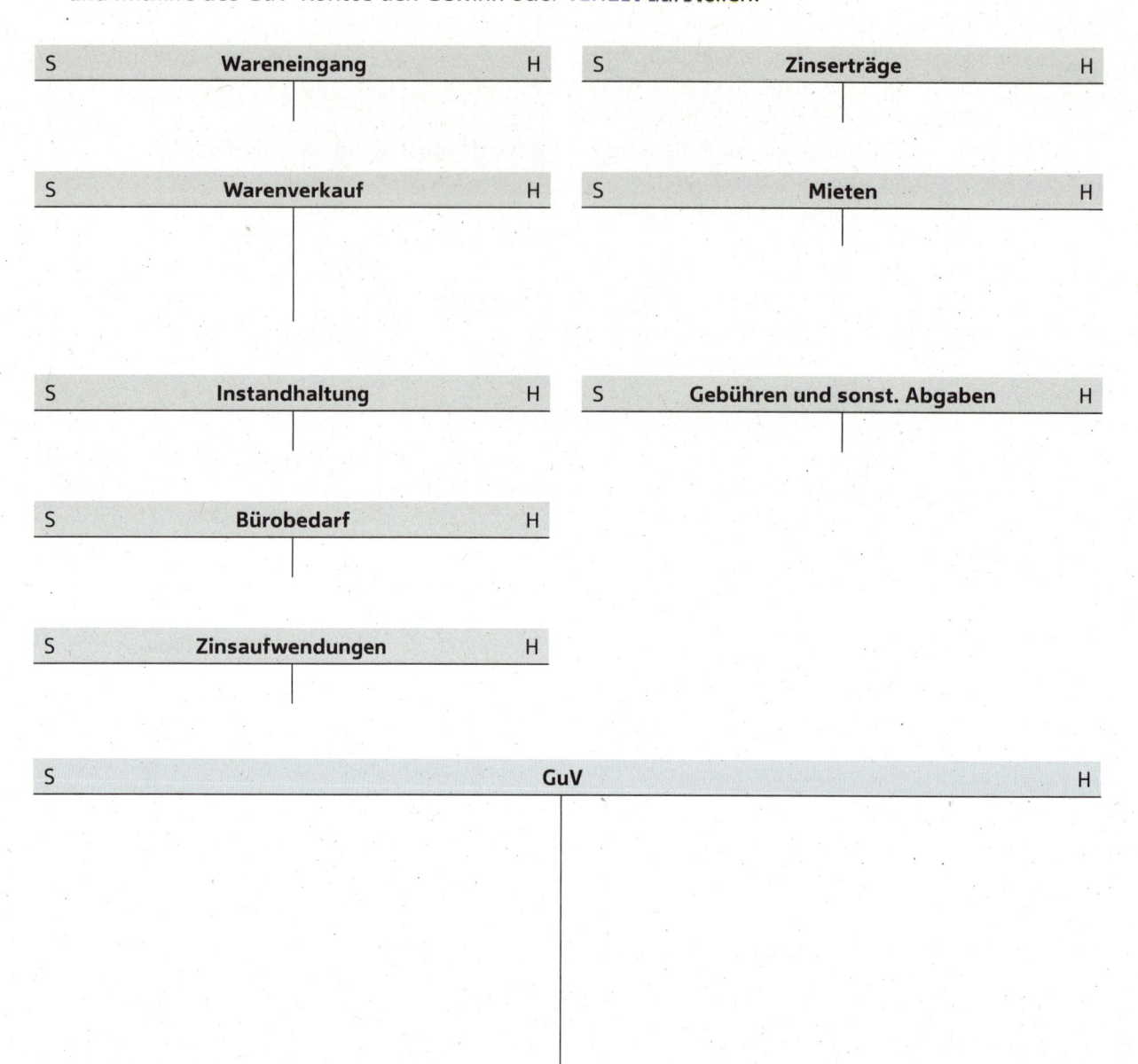

| S | Wareneingang | H | | S | Zinserträge | H |

| S | Warenverkauf | H | | S | Mieten | H |

| S | Instandhaltung | H | | S | Gebühren und sonst. Abgaben | H |

| S | Bürobedarf | H |

| S | Zinsaufwendungen | H |

| S | GuV | H |

2. Erläutern Sie mit eigenen Worten, wie der Erfolg eines Unternehmens buchhalterisch ermittelt wird. Gehen Sie dabei auch darauf ein, wann es zu einem Gewinn oder einem Verlust kommt und auf welcher Seite dieser Gewinn oder Verlust auf dem GuV-Konto geschrieben wird.

4 Lern- und Arbeitsmethoden

4.1 Wir erkennen, dass Beschäftigte umfassende Handlungskompetenzen benötigen

Handlungssituation

Zu Beginn des von der Zentrale veranstalteten ersten Auszubildendenseminars der Hoffmann KG begrüßt die Ausbildungsleiterin Frau Schneider die neuen Auszubildenden. Auch die Praktikantinnen und Praktikanten dürfen an dem Seminar teilnehmen. In ihrer Rede geht sie auch auf die sich verändernde Wirtschaft und die damit verbundenen Auswirkungen ein:

Frau Schneider: „[...] Die Wirtschaft unterlag in den vergangenen Jahren zahlreichen, zum Teil gewaltigen Veränderungsprozessen. Das hat unterschiedlichste Gründe, wie zum Beispiel eine fortschreitende Globalisierung. Insgesamt nimmt der Wettbewerbsdruck auf unseren Märkten stark zu und es kommt zu Preiskämpfen. Innovationen lösen traditionelle Produkte ab. Die Kunden werden immer anspruchsvoller und sind zunehmend kritisch gegenüber dem Preis-Leistungs-Verhältnis von Produkten. Die Treue zu bisherigen Geschäftspartnern nimmt stetig ab. Die Märkte werden also unübersichtlicher und schwieriger.
Damit ein Unternehmen wie unseres auf einem solchen Markt bestehen kann, brauchen wir Beschäftigte, die über ein Qualifikationsprofil verfügen, das den neuen Umständen angepasst ist. Deshalb ist es für uns als Unternehmen – aber erst recht für Sie als Arbeitnehmerinnen und Arbeitnehmer – wichtig, dass Sie über möglichst viele Schlüsselqualifikationen verfügen.
Liebe neue Auszubildende, liebe Praktikantinnen und Praktikanten, Schlüsselqualifikationen ermöglichen Ihnen eine umfassende Handlungsfähigkeit in Ihrem zukünftigen Beruf. Um die Arbeit in Ihrem späteren Berufsleben selbstständig planen, ausführen und kontrollieren zu können, sollten Sie also bereits vor und in der Berufsausbildung die Möglichkeit nutzen, neben der selbstverständlichen Fachkompetenz auch Methoden- und Sozialkompetenz zu erwerben. Sie sollten sich also mit den wichtigsten Lern-, Arbeits-, Gesprächs- und Kooperationstechniken vertraut machen. Das wird Sie in die Lage versetzen, an die komplexen Arbeitsaufgaben, die in Ihrer beruflichen Zukunft auf Sie warten, routiniert und kompetent heranzugehen [...]"

In der Pause stehen Carolin Saager, Dominik Schlote und die neue Auszubildende Tamara Nestmann zusammen.

Tamara: „Ich konnte dem eigentlich nicht so recht folgen, was die Frau Schneider da gesagt hat. Bisher in der Schule sind möglichst viele Fakten wichtig ... und dass man sie auswendig kann. Das wird wohl auch so an den Arbeitsplätzen gelten, wette ich.
Aber ich befürchte, statt dass mir diese Fakten durch Lehrkräfte und Ausbildungsleitung vermittelt werden, soll ich sie mir womöglich noch selbst erarbeiten. Und das sollen wir dann wahrscheinlich auch noch in Gruppen machen, dabei fällt mir die Arbeit allein viel leichter. Tja, und am Schluss muss man vorne auch noch bei einer sogenannten Präsentation herumhampeln. Warum sollen wir das denn machen? Und dann wird man darüber auch noch benotet. Dabei ist ja wohl das Wichtigste, dass ich die Fakten einfach weiß und nicht, dass ich sie mit anderen zusammen hübsch präsentieren kann."

Carolin: „Ich glaube, du siehst das etwas zu einseitig ..."

Vier Wochen später: Alle Teilnehmerinnen und Teilnehmer haben auf dem Auszubildendenseminar den Auftrag erhalten, zu verschiedenen Themen Referate zu erstellen. Die vier Praktikantinnen und Praktikanten entscheiden sich, so wie die meisten, die ihnen zugeteilten Themen jeweils zu zweit

4 LERN- UND ARBEITSMETHODEN

zu bearbeiten und anschließend zu präsentieren. Tamara dagegen lehnt den Vorschlag einer anderen Auszubildenden aus der Filiale München ab, mit ihr zusammenzuarbeiten.

Heute, auf dem zweiten Auszubildendenseminar, hält sie 70 Minuten lang ihren Vortrag. Obwohl sie 26 Seiten handschriftliche Aufzeichnungen hat, liest sie den Text von ihrer 52 Folien umfassenden PowerPoint-Präsentation ab. Sie schaut dabei lieber auf den Computer als die Zuschauenden an. Diese würden sie nur nervös machen.

Tamara: „Ich soll jetzt einen Vortrag über Kompetenzen halten. Zu den Schlüsselqualifikationen eines Unternehmers gehören [...]

Tamara (69 Minuten später): [...] und damit habe ich alles über die Schlüsselqualifikation ‚Konfliktfähigkeit' gesagt. Das war es!"

Handlungsaufgaben

1. Führen Sie auf, vor welchen Herausforderungen die Hoffmann KG und die Auszubildenden sowie die Praktikantinnen und Praktikanten stehen.
2. Geben Sie an, wie die Hoffmann KG und die jungen Leute diese Herausforderungen angehen können.
3. Erläutern Sie die Bedeutung von Schlüsselqualifikationen.
4. Nennen Sie Ursachen für die zunehmende Bedeutung von Schlüsselqualifikationen.
5. Unterscheiden Sie fünf Bereiche der Schlüsselqualifikationen. Bringen Sie jeweils fünf Einzelqualifikationen für jeden Bereich.

Schlüsselqualifikationen					
Dimension					
Zielbereich					
Einzelqualifikation					

6. Beurteilen Sie die Schlüsselqualifikationen von Tamara.
7. Beurteilen Sie den Vortrag von Tamara.

4.1 WIR ERKENNEN, DASS BESCHÄFTIGTE UMFASSENDE HANDLUNGSKOMPETENZEN BENÖTIGEN

Vertiefungs- und Anwendungsaufgaben

1. Bearbeiten Sie den folgenden Text mit der Methode „Aktives Lesen". Bringen Sie dabei dort, wo Textstellen eine besondere Bedeutung haben, am Rand Zeichen oder Buchstaben an.

Hilfen zur Texterfassung		
Bedeutung	**Zeichen**	**Buchstabe**
Wichtige Aussage	!	W
Nachschlagen	+	N
Unklarheit	?	U
Definition	:	D
Beispiel	→	B
Zusammenfassung	( )	Z

Das Mindmapping ist eine Arbeitstechnik, Notizen und Gedanken, Gespräche und Ideen auf einfache Weise aufzuschreiben. Diese Arbeitstechnik hat für die Schülerin oder den Schüler den großen Vorteil, Lernstoff strukturiert und effektiv im Gedächtnis zu verankern. Für besseres Behalten von Inhalten wird von Wissenschaftlerinnen und Wissenschaftlern empfohlen, Informationen nicht linear in Listen oder Fließtext (bei welchen oft bis zu 90 % der Worte für Erinnerungszwecke irrelevant sind) darzustellen, sondern in Mindmap-Form. Auf überflüssige Füllworte wird bewusst verzichtet. Stattdessen werden gut zu wählende Schlüsselwörter benutzt, die zur späteren Erinnerung des Inhalts ausreichen. Da eine Begriffshierarchie erstellt werden muss, erfolgt eine sinnvolle Ordnung der Lerninhalte.

Eine Mindmap (wortwörtlich übersetzt: Gedankenlandkarte) lässt sich in unterschiedlichen Situationen anwenden:
- zur Zusammenfassung eines Vortrags, eines Artikels, eines Buches
- zur Ergebnisdokumentation einer Gesprächsrunde: Arbeitsergebnisse können sichtbar gemacht werden.
- für die Planung, Durchführung und Kontrolle von Projekten
- zur Vorbereitung auf Prüfungen und Tests
- als Visualisierungstechnik für Besprechungen und Konferenzen
- zur kreativen Ideenfindung: Einfälle und Ideen können festgehalten werden.

Ein weiterer Hauptvorteil des Mindmappings liegt in der einfachen Handhabung. Es sind nur wenige Gestaltungsregeln anzuwenden:
- ein Schlüsselwort in die Mitte eines Blattes schreiben
- vom Zentrum ausgehend Linien („Äste") zeichnen, die in verschiedene Richtungen gehen, und auf ihnen die zentralen Begriffe notieren
- um Unterbegriffe aufzunehmen, den bestehenden Linien neue („dünnere Nebenzweige") hinzufügen
- zur Verbesserung des Arbeitsergebnisses evtl. Symbole, Pfeile, Zeichen und Farben verwenden

Mit dem Mindmapping wird das herkömmliche „Alles schön geordnet und untereinander"-Aufschreiben überwunden. Dadurch wird sehr viel Zeit gespart. Deshalb geht auch kaum ein Gedanke verloren: Man hat alles auf einen Blick, und das einigermaßen übersichtlich.

Das Mindmapping versucht, den Vorgängen in unserem Gehirn gerecht zu werden: Es können unterschiedliche Gedankenpfade verfolgt, verlassen und wieder erreicht werden und trotzdem bleibt der Überblick über das Ganze erhalten.

Etwa beim Mitschreiben eines Vortrags hat eine Mindmap gegenüber der üblichen linearen Vorgehensweise des Untereinanderschreibens verschiedene Vorteile:

4 LERN- UND ARBEITSMETHODEN

- Mindmaps geben die Inhalte als Schlüsselwörter wieder, die erst wieder beim Ansehen und Lesen automatisch zu ganzen Sätzen ergänzt werden. Es werden keine unnötigen Füllwörter aufgeschrieben, die einzelnen Stichwörter sind durch die Vernetzung der Unterpunkte jederzeit nachvollziehbar. Überflüssige Wörter, die in Sätzen häufig vorkommen, müssen später nicht mitgelernt werden.
- Es erfolgt automatisch eine Zusammenfassung des Lernstoffs. Statt mit sturem Pauken wird er mit einem Bild strukturiert und in der Erinnerung verankert.
- Man benötigt oft nur noch ein einziges Blatt pro Themenbereich: Es wird Platz gespart.
- Schaut man sich später die Mindmap an, kann das Thema sofort wieder erfasst werden. Die Fakten, beschränkt auf wenige Worte, sind visualisiert und auf einen Blick zu erkennen.
- Untereinandergeschriebene Mitschriften von Vorträgen sind häufig unübersichtlich.
- Mindmaps sind erheblich leichter zu ergänzen als die herkömmlichen linearen Aufzeichnungen.
- Verknüpfungen der Begriffe untereinander können leicht aufgezeigt werden.

2. Sie sollen ein Referat zu einem bestimmten Thema erstellen und dieses präsentieren. Erstellen Sie eine Mindmap, die Auskunft gibt über
    - die verschiedenen Phasen der Erarbeitung eines Referats,
    - die Schritte der Präsentation
    - und Regeln zur Durchführung der Präsentation.
3. Geklärt werden soll, wie man zu guten Zeugnisnoten (später im Ausbildungsberuf oder im Studium) kommt. Verwenden Sie dazu die *Kopfstandmethode*.

Kopfstandmethode	
Problemstellung	
1. Gegenteilige Problemstellung (auf den Kopf gestellte Frage)	2. Lösung (Gegenvorschlag, der sich auf die Ausgangsfragestellung bezieht)

Kopfstandmethode

4. Fassen Sie den folgenden Text zusammen. Versuchen Sie dabei, so viele Visualisierungsmittel wie möglich anzuwenden.

Lernen auf mehreren Lernwegen

Ein wichtiges Erfolgsrezept bei der Vorbereitung auf Prüfungen ist das Lernen auf möglichst vielen Lernwegen. Für die selbstständige Informationsverarbeitung nutzt der Mensch die Wahrnehmungsmöglichkeiten:
- das Lesen
- das Hören
- das Sehen
- das Fühlen

Lernstoff kann über verschiedene Sinnesorgane aufgenommen werden. Die verschiedenen Sinnesnerven (Augen, Ohren, Geruchssinn usw.) leiten die Sinnesreize zum Gehirn, wo sie verarbeitet werden und ins Gedächtnis gelangen. Die Strecke vom jeweiligen Sinnesorgan zum Gedächtnis nennt man Lernweg.

Wissenschaftliche Untersuchungen haben gezeigt, dass bei den meisten Menschen alle

4 LERN- UND ARBEITSMETHODEN

> Lernwege halbwegs gleichmäßig ausgeprägt sind. Benutzen Sie deshalb beim Lernen möglichst viele Lernwege.
>
> Bevorzugen Sie zwar den Lernweg, der Ihnen am besten liegt, auf dem Sie am meisten verstehen und auf dem Sie am meisten behalten. Lassen Sie aber keinen der drei Hauptlernwege (Sehen, Hören, Handeln) aus. Je mehr Lernwege nämlich benutzt werden, desto mehr Wahrnehmungsfelder werden im Gehirn angesprochen und in den Gedächtnisprozess einbezogen.
>
> Der Gebrauch mehrerer Lernwege ist umso notwendiger, da beispielsweise der Lernweg Hören im Unterricht häufig überbetont wird.
>
> Dieser Lernweg ist zwar für Lernende sehr bequem, weil sie ziemlich passiv bleiben können, doch sind Hörinformationen allein nicht anschaulich genug und werden rasch vergessen. Unbedingt hinzukommen muss das Mitnotieren (Notizen und Mitschriften machen). Dadurch werden sowohl optische als auch motorische Wahrnehmungsfelder am Lernprozess beteiligt. Bringen Sie sich mit Diskussionsbeiträgen und Fragen ein, erweitert sich das Netzwerk des Gelernten. Wiederholen und vertiefen Sie den Lernstoff durch Anfertigung von Textauszügen (Exzerpieren) und Textstrukturen oder durch das Lösen von Übungsaufgaben, wird er so gut verankert und vernetzt, dass die nächste Prüfung zu einem guten Teil vorbereitet ist.

5. Führen Sie sieben Regeln für eine effiziente Gruppenarbeit auf.
6. Eines der wichtigen Instrumente für eine effektive Gruppenarbeit ist die Verteilung von Rollen. Ermitteln Sie die Aufgaben für die folgenden Rollen:

Rollen für eine effektive Gruppenarbeit	
Rolle	**Aufgabe**
a) Gesprächsleiter/-in	
b) Zeitnehmer/in	
c) Wadenbeißer/-in	
d) Präsentierer/-innen	
e) Protokollführer/-in	
f) Gastgeber/-in	
g) Logbuchführer/-in	

4.2 Wir reagieren auf bestimmte berufliche Situationen mit sozialer Kompetenz

Handlungssituation

Die Ausbildungsleiterin Frau Schneider möchte aus Sicht des ausbildenden Unternehmens allen neuen Auszubildenden sowie Praktikantinnen und Praktikanten nach den ersten vier Wochen in einem persönlichen Gespräch ein erstes Feedback zu Auftreten und Leistungen geben. Bis auf eine Auszubildende beurteilt sie alle bisher positiv. Bei Tamara Nestmann hat sie dagegen eklatante Mängel beobachtet:

Tamara ist einige Male zu spät zur Arbeit gekommen. Auch die Berufsschule hat schon Fehlzeiten angemahnt.

Tamara ist momentan im Verkauf eingesetzt und betreut dort mit einer ihr zur Seite gestellten Kollegin die Bereiche Damenoberbekleidung und Business-Mode. Seit zwei Wochen hat sie vier neue Piercings, ihre Haare sind grell-orange gefärbt und sie trägt jeden Tag eine verblichene Jeans mit Löchern. In der Betriebsordnung der Hoffmann KG steht u. a., dass die Beschäftigten „sich gegenüber Kunden seriös" präsentieren sollen.

Tamara sollte seit einer Woche bis gestern einen Arbeitsauftrag für die Abteilungsleitung erledigen. Diese fragt heute höflich nach, wann denn mit der Erledigung zu rechnen sei. Tamara reagiert unwirsch. Seit Tagen schlägt sich Tamara mit der Bearbeitung dieses Arbeitsauftrags herum. Sie kommt einfach nicht weiter. Ihre Kolleginnen und Kollegen möchte sie nicht um Rat fragen. Sie glaubt, dass diese dann denken würden, sie sei ihren Aufgaben nicht gewachsen.

Praktikant Dominik möchte Tamara um ein Gespräch unter vier Augen bitten. Auf dem Azubi-Seminar war er mit ihr in einer Arbeitsgruppe. Er störte sich an ihrem Verhalten, das nach seiner Meinung dazu führte, dass keine optimalen Ergebnisse abgeliefert wurden. Er hat den Satz noch nicht mal beendet, da ruft Tamara schon: „Deine Meinung interessiert mich überhaupt nicht!" und zieht von dannen.

Handlungsaufgaben

1. Führen Sie auf, vor welchen Problemen
   a) Tamara Nestmann,
   b) die Ausbildungsleiterin Frau Schneider
   stehen.
2. Machen Sie Vorschläge, wie Frau Schneider und Tamara bei der Problemlösung vorgehen können.
3. Erläutern Sie den Begriff Sozialkompetenz.
4. Geben Sie an, warum Sozialkompetenz von Unternehmen als immer bedeutender eingeschätzt wird.

4 LERN- UND ARBEITSMETHODEN

5. Geben Sie drei Fertigkeiten an, die zur Sozialkompetenz gehören.

	a) Fähigkeit, sich mit anderen effektiv und konstruktiv zu verständigen
	b) Fähigkeit, wirkungsvoll mit Kolleg/-innen, Vorgesetzten, Kund/-innen und Lieferant/-innen zusammenzuarbeiten
	c) Fähigkeit, sich mit anderen fair, sachlich und mit Problemlösungsstrategien auseinandersetzen zu können

6. Zwischen Tamara und vielen anderen gibt es Spannungen und Auseinandersetzungen. Da solche Konflikte negative Auswirkungen haben, überlegt sich Frau Schneider die Vorgehensweise in solchen Konfliktfällen.
    a) Führen Sie negative Auswirkungen von Konflikten auf.
    b) Geben Sie an, in welchen vier Schritten Frau Schneider in diesem Konfliktfall vorgehen kann.

	Erkennen des Konflikts Erkennen der Eskalationsstufe Erkennen der Parteien
	offenes Angehen des Konflikts geregelte Austragung
	Anstreben einer kooperativen Problemlösung
	Einhaltung der Vereinbarungen Lerneffekt

7. Frau Schneider bereitet das Konfliktgespräch vor. Sie möchte einzelne Fälle aufgreifen und diese mit Tamara besprechen.
    a) Als Erstes thematisiert Frau Schneider die Situation, dass auf die höfliche Frage der Abteilungsleitung, wann denn eine Aufgabe erledigt sei, unhöflich und unwirsch reagiert wird. Sie möchte Tamara klarmachen, dass die Frage der Abteilungsleitung auch anders verstanden werden konnte.
    Führen Sie die vier Ebenen des 4-Ohren-Modells von Schulz von Thun auf, beschreiben Sie diese kurz und erläutern Sie, wie die Anfrage der Abteilungsleitung jeweils verstanden werden könnte.

Ebene	Erläuterung	Botschaft

4.2 WIR REAGIEREN AUF BESTIMMTE BERUFLICHE SITUATIONEN MIT SOZIALER KOMPETENZ

b) Erläutern Sie, warum es zu dem Konflikt zwischen Tamara und der Abteilungsleitung kommen konnte.
c) Auch auf die anderen Fälle möchte Frau Schneider eingehen.
Beurteilen Sie die jeweilige Situation und machen Sie Vorschläge zur Konfliktlösung.

Situation	Beurteilung	Vorschlag für eine eventuelle Konfliktlösung
a) Tamara ist einige Male zu spät zur Arbeit gekommen. Auch die Berufsschule hat schon Fehlzeiten angemahnt.		
b) Tamara ist momentan im Verkauf eingesetzt und betreut dort mit einer ihr zur Seite gestellten Kollegin die Bereiche Damenoberbekleidung und Business-Mode. Seit zwei Wochen hat sie vier neue Piercings, ihre Haare sind grell-orange gefärbt und sie trägt jeden Tag eine verblichene Jeans mit Löchern. In der Betriebsordnung der Hoffmann KG steht u. a., dass die Mitarbeiter „sich gegenüber Kunden seriös" präsentieren sollen.		
c) Tamara sollte seit einer Woche bis gestern einen Arbeitsauftrag für die Abteilungsleitung erledigen. Diese fragt heute höflich nach, wann denn mit der Erledigung zu rechnen sei. Tamara reagiert unwirsch.		
d) Seit Tagen schlägt sich Tamara mit der Bearbeitung dieses Arbeitsauftrags herum. Sie kommt einfach nicht weiter. Ihre Kolleginnen und Kollegen möchte sie nicht um Rat fragen. Sie glaubt, dass diese dann denken würden, sie sei ihren Aufgaben nicht gewachsen.		

4 LERN- UND ARBEITSMETHODEN

Situation	Beurteilung	Vorschlag für eine eventuelle Konfliktlösung
e) Praktikant Dominik möchte Tamara um ein Gespräch unter vier Augen bitten. Auf dem Azubi-Seminar war er mit ihr in einer Arbeitsgruppe. Er störte sich an ihrem Verhalten, dass nach seiner Meinung dazu führte, dass keine optimalen Ergebnisse abgeliefert wurden. Er hat den Satz noch nicht mal beendet, da ruft Tamara schon: „Deine Meinung interessiert mich überhaupt nicht!" und zieht von dannen.		

Vertiefungs- und Anwendungsaufgaben

1. Sie arbeiten mit anderen in einem Team zusammen. Dabei machen Sie einen aus Ihrer Sicht vernünftigen Vorschlag, wie bei der Arbeit weiter vorgegangen werden könnte.
Ein anderes Teammitglied sagt: „Wir haben das aber bisher immer anders gemacht."
Geben Sie an, wie diese Mitteilung auf den vier Ebenen der Kommunikation verstanden werden könnte.

Ebene	Botschaft

2. Führen Sie Einflussgrößen auf, die eine positive Teamentwicklung begünstigen.

5 Arbeiten mit ökonomischen Quellen und der Wirtschaftspresse

5.1 Wir verwenden journalistische Wirtschaftsnachrichten als wichtige Informationsquellen

Handlungssituation

In der Kantine der Hoffmann KG unterhalten sich die Praktikantin Carolin Saager und der Praktikant Dominik Schlote in gedämpfter Tonlage über etwas, das Herrn Hoffmann offensichtlich beschäftigt.

Dominik (flüsternd): „Carolin, hast du bemerkt, dass Herr Hoffmann neuerdings immer den Wirtschaftsteil der Zeitung liest und sich intensiv damit beschäftigt?"

Carolin: „Ja, ich frage mich, was daran so wichtig ist. Es scheint, als ob er wirklich vertieft ist."

Dominik: „Ich habe Gerüchte gehört, dass es etwas mit der Geschäftsbeziehung zu einem wichtigen Kunden zu tun hat. Die Hoffmann KG steht schon seit Jahren in einer Geschäftsbeziehung mit diesem Kunden, der aber momentan finanzielle Probleme hat."

Carolin (neugierig): „Echt? Was hat das mit dem Wirtschaftsteil der Zeitung zu tun? Und warum guckt er sich die Tabellen und Statistiken im finanzwirtschaftlichen Themenbereich an?"

Handlungsaufgaben

1. Sammeln Sie Gründe, warum Herr Hoffmann den Wirtschaftsteil der Zeitung liest und sich für den finanzwirtschaftlichen Themenbereich interessiert. Erklären Sie zudem, warum diese Informationen für ihn wichtig sein könnten.
2. Beschreiben Sie die Aufgaben des Wirtschaftsteils in Printmedien bei der Berichterstattung über wirtschaftliche Entwicklungen und Ereignisse.

Vertiefungs- und Anwendungsaufgaben

1. Erläutern Sie die Bedeutung von Wirtschaftsnachrichten für Investoren sowie Unternehmerinnen und Unternehmer.
   a) Erläutern Sie, wie Journalistinnen und Journalisten durch Leitartikel, Kommentare und Glossen die Meinung der Lesenden beeinflussen können.
   b) Erläutern Sie, warum es wichtig ist, verschiedene Standpunkte und Meinungen in der Wirtschaftsberichterstattung zu berücksichtigen.

2. Beurteilen Sie die folgenden Aussagen mithilfe des Lehrbuches:

Aussage	richtig	falsch – Begründung
Der Wirtschaftsteil kann Meinungsbildung und Beeinflussung durch Leitartikel, Kommentare und Glossen fördern.		
Der Wirtschaftsteil hat keine Bedeutung für die Markttransparenz.		
Der Wirtschaftsteil erklärt gesamt- und betriebswirtschaftliche Tatbestände.		
Der Wirtschaftsteil dient als Forum für Aussprachen durch Stellungnahmen der Betroffenen.		
Der Wirtschaftsteil hat keine Funktion in der Konjunktur- und Wachstumsbeobachtung.		

3. Untersuchen Sie die Unterschiede und Gemeinsamkeiten zwischen der Berichterstattung von Wirtschaftsnachrichten in Printmedien und in sozialen Medien. Gehen Sie dabei auf die Vor- und Nachteile der Medien in Bezug auf die Informationsverbreitung und die Qualität der Berichterstattung ein.

5.2 Wir nutzen Wirtschaftsdaten in reiner Form

Handlungssituation

In der Kaffeeküche der Hoffmann KG treffen sich Carolin Saager und Dominik Schlote, um eine Pause zu machen.

Dominik: „Du, Carolin, ich lese mittlerweile auch täglich die Zeitung. Die EZB (Europäische Zentralbank) hat wieder ihre Leitzinsen erhöht."

Carolin: „Echt? Das hat sicherlich Auswirkungen auf die Wirtschaft, oder?"

Dominik: „Definitiv. Normalerweise bedeutet eine Zinserhöhung, dass es schwieriger wird, an günstige Kredite zu kommen. Aber es hat auch Auswirkungen auf Investitionen und den Aktienmarkt."

Carolin: „Stimmt, das könnte sich auf die Finanzen auswirken, vor allem, wenn man an die Zukunft denkt. Wir sollten vielleicht darüber nachdenken, wie wir unser Geld besser anlegen können."

Dominik: „Genau meine Gedanken! In letzter Zeit beschäftige ich mich intensiv mit der Idee, mein Geld entweder in Aktien zu investieren oder es auf einem Sparkonto anzulegen. Mein Ziel dabei ist, langfristige Renditen zu erzielen. Vielleicht könnten wir uns gemeinsam diesem Thema widmen, Informationen über verschiedene Unternehmen sammeln und herausfinden, welche Aktien derzeit vielversprechend sind oder welche Banken die attraktivsten Zinssätze bieten."

Handlungsaufgaben

1. Erläutern Sie, warum eine Erhöhung der Leitzinsen durch die EZB dazu führt, dass die Kosten für Kredite steigen.
2. Dominik: „Wenn die EZB ihre Leitzinsen erhöht, ist es ein gutes Zeichen für uns, das Geld auf einem Sparkonto bei der Bank anzulegen."
   Nehmen Sie Stellung zu dieser Aussage.
3. Definieren Sie den Begriff „Rendite".
4. Diskutieren Sie die Überlegungen von Dominik und Carolin zur persönlichen Finanzplanung. Was sind die Vor- und Nachteile einer Investition in Aktien im Vergleich zu einem Sparkonto?
5. Recherchieren Sie im Internet aktuelle Nachrichten über die Europäische Zentralbank (EZB) und ihre Geldpolitik. Finden Sie heraus, ob es tatsächlich eine jüngste Erhöhung der Leitzinsen gab und welche Gründe dafür genannt wurden.

Vertiefungs- und Anwendungsaufgaben

1. Definieren Sie den Begriff „Leitzins".
2. Definieren Sie den Begriff „Dividende".
3. Beschreiben Sie die Auswirkungen auf die Wirtschaft und den Finanzmarkt, wenn die EZB die Leitzinsen erhöht bzw. senkt.

| Veränderung der Leitzinsen der EZB |||||
| Senkung Leitzins || EZB | Erhöhung Leitzins ||
Sinken/Steigen	Begründung		Sinken/Steigen	Begründung
		Kreditkosten (Zinsen)		
		Konsum		
		Sparanreize		
		Investitionen		
		Immobilienmarkt		

4. a) Definieren Sie den Begriff „Dividendenrendite" und erläutern Sie, warum sie für Aktionärinnen und Aktionäre relevant ist.

b) Geben Sie die Dividendenrendite für die folgenden Unternehmen an und gehen Sie dabei darauf ein, wie diese berechnet wurde. Entnehmen Sie die Daten für die folgenden Aufgaben aus Ihrem Lehrbuch oder aus dem Internet.
1. Covestro
2. E.ON NA
3. Merck

5.2 WIR NUTZEN WIRTSCHAFTSDATEN IN REINER FORM

5. Wählen Sie in Partnerarbeit gemeinsam einige Aktiengesellschaften aus und analysieren Sie, wie sich ihre Aktien in der Vergangenheit entwickelt haben. Betrachten Sie auch aktuelle Informationen, um herauszufinden, welche Aktiengesellschaften derzeit vielversprechend sein könnten.

    a) Beurteilen Sie die folgenden Aussagen:

Aussage	richtig	falsch – Begründung
In der Konjunkturphase Rezession wird mehr verbraucht als produziert. Deswegen gibt es kaum Preiseinbrüche.		
Sortenkurs und Notenkurs sind synonym.		
Ein Handelsregister ist ein von einem Amtsgericht geführtes Verzeichnis aller Handwerker in einem Amtsgerichtsbezirk.		
In der Konjunkturphase Boom steigt der Verbrauch an Rohstoffen überdurchschnittlich an. Ist der Verbrauch an Rohstoffen überdurchschnittlich hoch, dann ziehen in der Regel die Preise an.		
Für die Festlegung der Leitzinsen in der Eurozone ist die Fed zuständig. Für die USA macht dies die EZB.		
Devisenbörsen legen die amtlichen Kurse für unterschiedliche Währungen fest.		
In Abteilung A im Handelsregister werden die Kapitalgesellschaften geführt.		
An Warenbörsen werden individuell hergestellte Waren in spezieller Qualität gehandelt.		

5.3 Wir besorgen uns Wirtschaftsinformationen aus Bibliotheken und dem Internet

Handlungssituation

In einem Workshop der Hoffmann KG haben Carolin Saager und Dominik Schlote die Aufgabe bekommen, gemeinsam eine Projektarbeit zum Thema „Aktienmarkt in Deutschland" zu erstellen.

Carolin: „Hey Dominik, ich habe angefangen, nach Quellen für unsere Projektarbeit über den Aktienmarkt in Deutschland zu suchen, aber irgendwie komme ich nicht so recht voran."

Dominik: „Oh, wirklich? Was ist los?"

Carolin: „Es ist einfach so viel Material und ich weiß nicht, wo ich anfangen soll. Ich habe einige Artikel im Internet durchgelesen, aber es fühlt sich an, als ob ich nur an der Oberfläche kratze."

Handlungsaufgaben

1. Beschreiben Sie die Gründe für das Problem von Carolins Suche.
2. Carolin möchte ihre Suche optimieren.
   Geben Sie an, welche booleschen Operatoren sie verwenden muss, um zu den folgenden Suchergebnissen zu kommen. Zeichnen Sie hierzu den entsprechenden Bereich ein.
   a) Der erste Suchbegriff muss vorhanden sein, der zweite darf nicht vorkommen.

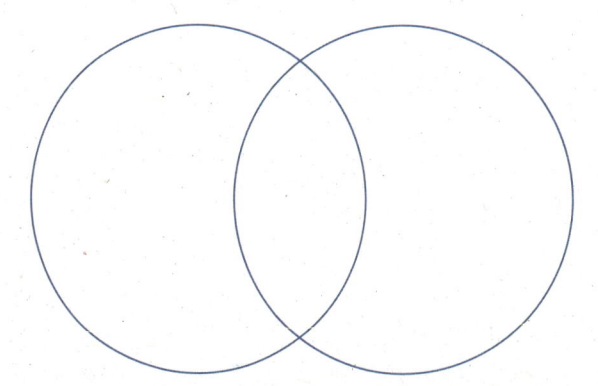

   b) Es werden nur Seiten angezeigt, auf denen mindestens einer der Begriffe „Aktienmarkt" oder „Deutschland" vorkommt.

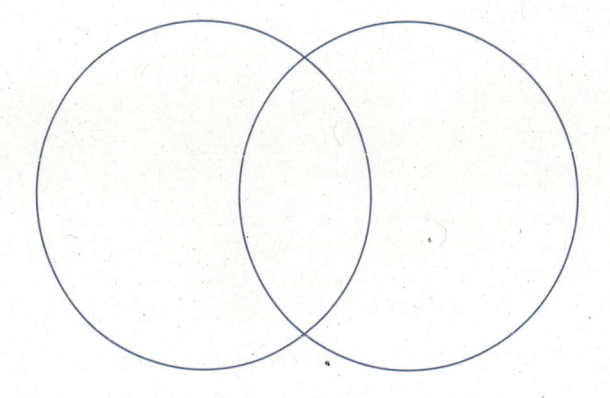

c) Es werden nur Seiten angezeigt, auf denen beide Begriffe vorkommen. Fehlt einer der Begriffe, wird die Seite nicht angezeigt.

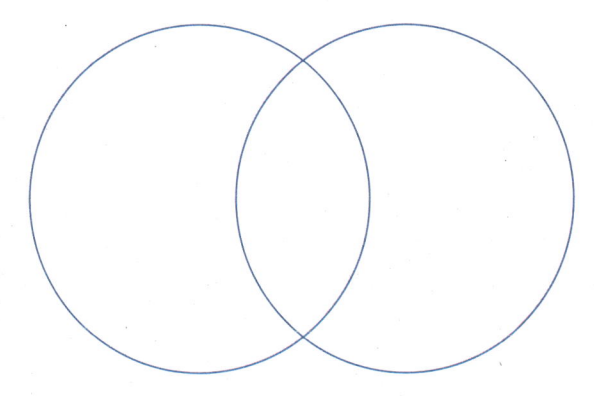

3. Carolin möchte ihre Suche effektiver gestalten und nur nach Dokumenten suchen mit dem Titel „Aktienmarkt in Deutschland".
Beschreiben Sie, was Carolin machen muss, sodass nur solche Dokumente angezeigt werden, die genau diese Formulierung enthalten.

Vertiefungs- und Anwendungsaufgaben

1. Untersuchen Sie die Unterschiede zwischen der Verwendung von Bibliotheken und Suchmaschinen für die Informationsbeschaffung.
2. Eine weitere Möglichkeit der Recherche nach wissenschaftlichen Dokumenten bietet https://scholar.google.de
   a) Nutzen Sie Google Scholar und suchen Sie nach drei wissenschaftlichen Artikeln zu einem Forschungsthema Ihrer Wahl.
   b) Führen Sie die gleiche Suche mit dem gleichen Forschungsthema aus Aufgabe a) bei Google durch.
   c) Analysieren Sie die Unterschiede in den Suchergebnissen und begründen Sie, ob Google Scholar spezifischere und qualitativ hochwertigere wissenschaftliche Informationen bietet. Gehen Sie zudem auf die Aktualität und Relevanz der Ergebnisse ein.
   d) Erklären Sie das Prinzip von WebOPACs.

5.4 Wir werten Wirtschaftsinformationen kritisch aus

Handlungssituation

Bei der Recherche nach Quellen für die Hausarbeit stoßen Carolin und Dominik auf den folgenden Artikel:

Herausforderungen des deutschen Aktienmarkts: Zwischen Regulierung und Flexibilität
von Dr. Herbert Insight

Ein Übermaß an Regelungen und ein Mangel an Flexibilität prägen den deutschen Aktienmarkt, der international mittlerweile sowohl Anerkennung als auch Kritik erfährt. Einige Stimmen bezeichnen ihn bereits als „das deutsche Dilemma". Die Kritik lautet, dass trotz des allgegenwärtigen Gesprächs über finanzielle Freiheit und Anlegeraktivität der deutsche Aktienmarkt mit Hindernissen gespickt ist.

Ein Bericht in einer renommierten internationalen Finanzzeitschrift wirft einen kritischen

5 ARBEITEN MIT ÖKONOMISCHEN QUELLEN UND DER WIRTSCHAFTSPRESSE

Blick auf die Situation. Es wird darauf hingewiesen, dass es in Deutschland nach wie vor Herausforderungen gibt, wenn es um den einfachen Handel mit Aktien geht. Bürokratische Hürden und regulatorische Einschränkungen werden genannt, wodurch sich der Prozess des Kaufens und Verkaufens von Aktien komplizierter gestaltet als anderswo.

Die Hoffnung auf eine umfassende Reform des Marktes scheint eher vergeblich zu sein. Trotz anfänglicher Erklärungen über die Notwendigkeit von Flexibilität und Anpassungen an internationale Standards enden die Diskussionen oft in moderaten Zugeständnissen, ohne eine grundlegende Änderung herbeizuführen. Deutschland bleibt demnach weiterhin ein Land, in dem der Aktienhandel mit gewissen Schwierigkeiten verbunden ist.

Kritikerinnen und Kritiker betonen, dass diese Situation nicht nur für inländische Investoren, sondern auch für ausländische Interessenten und Institutionen ein Hindernis darstellt. Die allgemeine Wahrnehmung lautet, dass die Deutschen, die diese Situation seit Jahren scheinbar widerstandslos akzeptieren, vielleicht nicht mehr verdienen als die aktuelle Entwicklung auf dem deutschen Aktienmarkt.

Handlungsaufgaben

1. Werten Sie den von Carolin und Dominik gefundenen Artikel kritisch mithilfe der W-Fragen aus.

	Herausforderungen des deutschen Aktienmarkts: Zwischen Regulierung und Flexibilität
Wer?	
Was?	
Wie?	
Zu wem?	
Mit welcher Wirkung?	

Vertiefungs- und Anwendungsaufgaben

1. Erläutern Sie die Absicht von Beschreibungen in informativen Texten und geben Sie an, welche Arten der Beschreibung sinnvoll sind.

2. Auf Carolins Suche nach geeigneten Quellen für die Hausarbeit taucht auf einer Webseite die folgende Werbeanzeige auf.
   Gehen Sie auf den Aufbau der Werbeanzeige ein, indem Sie die einzelnen Textelemente beschreiben.

Erobere die Zukunft des Stils!
Unsere Mode – Mehr als nur Kleidung, ein Statement für deinen Lifestyle!

Tauche ein in die Welt der Eleganz und setze ein Zeichen mit unserer exklusiven Kollektion. Jedes Stück wurde sorgfältig ausgewählt, um deinen individuellen Stil zu unterstreichen. Von zeitloser Klassik bis zu avantgardistischen Trends – wir haben das, was dein Herz begehrt.

#Trendsetter

#Exklusivität

3. Geben Sie an, welche Art von Text vorliegt.
   a) Tweet eines Politikers zur Leitzinserhöhung
   b) Pressemitteilung eines Unternehmens
   c) Live-Chat mit einem Experten auf einer Website
   d) Instagram-Post eines Influencers für ein Produkt

5.5 Wir gehen professionell mit Wirtschaftstexten um

Handlungssituation

Nachdem die Recherche erfolgreich war, wollen die beiden nun mit ihrer Projektarbeit beginnen.

Carolin: „Dominik, ich stehe gerade vor einem Berg von Artikeln und ich habe echt keinen Plan, wie ich das alles zusammenfassen soll. Das ist einfach zu viel!"

Dominik: „Keine Panik, Carolin. Wir müssen uns auf das Wesentliche konzentrieren. Unser Thema ist ziemlich umfangreich und wir haben viele verschiedene Informationen gefunden. Aber bevor wir überhaupt mit dem Schreiben anfangen, sollten wir eine Gliederung erstellen. Das wird uns helfen zu erkennen, welche Themen wir behandeln müssen und worum es in unserer Projektarbeit geht."

Carolin: „Ja, das klingt vernünftig. Ich habe mir schon einige Notizen gemacht und mal versucht, eine Gliederung zu erstellen. Aber ich bin mir nicht sicher, ob ich das so richtig gemacht habe."

Handlungsaufgaben

1. Helfen Sie Carolin bei der Gestaltung der Gliederung.
   Unterstreichen Sie die Fehler, die in dem Inhaltsverzeichnis gemacht wurden, und stellen Sie das Inhaltsverzeichnis richtig auf.

5 ARBEITEN MIT ÖKONOMISCHEN QUELLEN UND DER WIRTSCHAFTSPRESSE

Inhaltsverzeichnis

1.1	Abkürzungsverzeichnis	1
1.1	Abbildungsverzeichnis	2
1.1	Tabellenverzeichnis	3
1.1	Glossar	4
1.1	Zielsetzung der Arbeit	5
1.1	Aufbau der Arbeit	7
1.1	Einführung in den Aktienmarkt	9
1.1	Definition und Funktionen	9
1.1	Bedeutung für die Wirtschaft	10
1.1	Struktur des deutschen Aktienmarktes	11
1.1	Börsen in Deutschland	11
	1.1.1 Frankfurter Wertpapierbörse	11
	1.1.2 Börsen in Stuttgart und Hamburg	13
	1.1.3 Aktienindizes	15
	1.1.4 DAX	15
	1.1.5 MDAX, SDAX, TecDAX	16
2.	Marktteilnehmer	17
	2.1 Anleger	17
3.	Wertpapierhandel	20
...		
9.	Fazit	54
	Literaturverzeichnis	I

Vertiefungs- und Anwendungsaufgaben

1. Definieren Sie die erforderlichen Informationen, die für jede Literaturquelle in Ihrem Literaturverzeichnis angegeben werden müssen.
2. Nennen Sie die entsprechende Abkürzung für die Zitation einer Quelle mit mehr als drei Autoren.
3. Carolin möchte in ihrer Hausarbeit ein Zitat einfügen. Bei der Textquelle möchte sie auf mehrere Seiten verweisen.
    a) Geben Sie an, mit welcher Angabe auf mehrere aufeinanderfolgende Seiten verwiesen wird.
    b) Geben Sie an, mit welcher Angabe Carolin lediglich auf die nächste Seite verweisen würde.
4. Beschreiben Sie, welche Fragen in einem Fazit beantwortet werden müssen.
    a) Erstellen Sie ein Inhaltsverzeichnis zu einem selbst gewählten Thema, welches mindestens vier Hauptkapitel enthält. Zwei dieser Hauptkapitel sollen zusätzlich mit Unterkapiteln strukturiert werden.
    b) Lassen Sie einen Partner oder eine Partnerin dieses Inhaltsverzeichnis daraufhin überprüfen, ob die Regeln zur Erstellung eines Inhaltsverzeichnisses beachtet wurden.
5. Von einer anderen Gruppe haben Carolin und Dominik mitgekriegt, dass diese ihre Literatur für die Projektarbeit mit einem Literaturverwaltungsprogramm verwaltet.
    a) Recherchieren Sie im Internet nach der Funktionsweise des Literaturverwaltungsprogramms Citavi. Bei Ihrer Recherche können Sie auch auf folgenden Link zugreifen:
    https://www.sub.uni-goettingen.de/lernen-lehren/wissenschaftlich-arbeiten-tools-und-techniken/literatur-verwalten/citavi/
    b) Verwalten Sie anschließend eine Literatur, indem Sie das Lehrbuch als Quelle in Citavi hinterlegen und eine Seite aus Ihrem Lehrbuch zitieren.

6 Kaufmännisches Rechnen und Statistik

6.1 Wir verwenden den Dreisatz

Handlungssituation

Die Praktikantin Carolin Saager ist derzeit im Verkauf der Hoffmann KG eingesetzt und hilft Jens Spät bei der Erstellung von Angeboten an den Einzelhandel.

Herr Spät: „Könnten Sie bitte die Überarbeitung des Angebots an die Kleemann Outfit GmbH übernehmen? Ursprünglich hat unser Kunde ein Angebot mit den unten aufgeführten Positionen erhalten. Nun hat mir der Kunde jedoch mitgeteilt, dass er aufgrund der prognostizierten Nachfrageveränderung gerne ein überarbeitetes Angebot für acht Jeans, acht Röcke und fünf Shirts erhalten würde."

- 5 Jeans (Herren), insgesamt 283,50 €
- 12 Röcke (Damen), insgesamt 359,40 €
- 20 individualisiert beflockte Shirts (Damen), insgesamt 350,00 €

Carolin: „Das kann ich gleich erledigen. Von der Besichtigung der Produktion weiß ich noch, dass 20 individualisiert beflockte Shirts sechs Stunden und 40 Minuten Zeit in Anspruch nehmen würden. Das müsste mit der neuen Angebotsmenge nun deutlich schneller gehen."

Handlungsaufgaben

1. Ermitteln Sie rechnerisch die neuen Angebotspreise für acht Jeans, acht Röcke und fünf Shirts.
2. Berechnen Sie die Zeit, die in der Produktion benötigt wird, um fünf Shirts individualisiert zu beflocken.

Vertiefungs- und Anwendungsaufgaben

1. Vervollständigen Sie die folgende Übersicht.

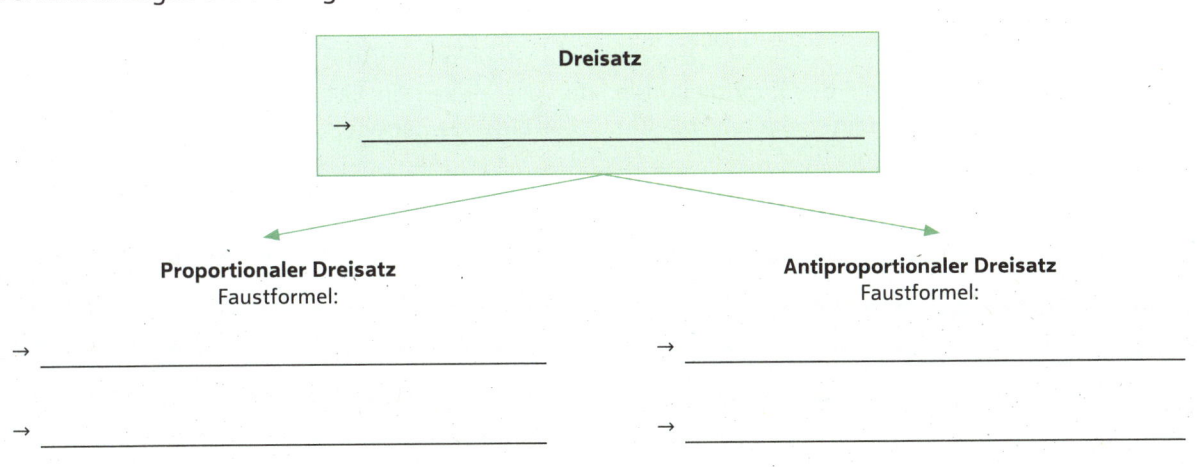

Dreisatz
→ _____

Proportionaler Dreisatz
Faustformel:
→ _____
→ _____

Antiproportionaler Dreisatz
Faustformel:
→ _____
→ _____

6 KAUFMÄNNISCHES RECHNEN UND STATISTIK

2. Der Außendienstmitarbeiter Herr Lampe hat im Monat April mit seinem privaten Pkw für dienstliche Fahrten 1 350 Kilometer zurückgelegt und erhält dafür eine Erstattung in Höhe von 472,50 €. Aus seiner Fahrtenplanung entnimmt Herr Lampe, dass er im Monat Mai voraussichtlich 870 Kilometer fahren wird. Ermitteln Sie den Erstattungsbetrag, den er voraussichtlich erhalten wird.
3. In der Produktion sind acht Mitarbeitende beschäftigt, die für die Herstellung der monatlichen Bestellmenge eines großen Einzelhändlers neun Stunden Zeit benötigen. In den Sommermonaten dürfen immer zwei Personen gleichzeitig Urlaub in Anspruch nehmen. Berechnen Sie, wie lange die verbliebenen Beschäftigten brauchen, um die Bestellmenge herzustellen.
4. Eine Abfüllanlage des Getränkeherstellers Trinkbar GmbH benötigt für 120 Liter Saft 20 Minuten. Bestimmen Sie die Saftmenge, die an einem durchschnittlichen Arbeitstag von acht Stunden abgefüllt wird.
5. Die sieben Produktionsanlagen der Heltitec AG stellen 3 600 Magnete in 252 Stunden her. Zur Herstellung der gleichen Menge in kürzerer Zeit investiert das Unternehmen in fünf weitere Maschinen. Berechnen Sie die Dauer nach der Investition, um die gleiche Menge an Magneten zu produzieren.

6.2 Wir nutzen die Verteilungsrechnung und die Visualisierung von Daten

Handlungssituation

Die Marktforschung der Hoffmann KG ergibt, dass die Besucherzahlen von Oktoberfesten kontinuierlich zunehmen. Um von diesem Trend zu profitieren, gründet die Hoffmann KG gemeinsam mit der Münchener Tracht GmbH und der LederTex AG eine eigene GmbH, mit der sie den analysierten Markt bedienen wollen. Für die Gründung der GmbH soll das gesetzlich vorgeschriebene Mindestkapital von den neuen Gesellschaftern im folgenden Verhältnis aufgebracht werden.

(Hoffmann KG : Münchener Tracht GmbH : LederTex AG) – (5 : 2 : 1)

Mithilfe der Marktanalyse und des Businessplans wurde ermittelt, dass langfristig ein jährlicher Gewinn in Höhe von 600.000,00 € als realistisch erachtet wird. Für die Gewinnverwendung treffen die Gesellschafter bereits im Gründungsprozess die folgende Verabredung: Die Hälfte des erzielten Gewinns soll im Unternehmen verbleiben, während von der anderen Hälfte 10 % an die Mitarbeitenden, 40 % an die Hoffmann KG, 30 % an die Münchener Tracht GmbH und 20 % an die LederTex AG ausgeschüttet werden.

Handlungsaufgaben

1. Ermitteln Sie rechnerisch die Kapitaleinlage, die die einzelnen Gründungsmitglieder aufbringen müssen, und vervollständigen Sie anschließend die folgende Tabelle.

Beteiligte	Verteilungsverhältnis	Kapitaleinlage in €

6.2 WIR NUTZEN DIE VERTEILUNGSRECHNUNG UND DIE VISUALISIERUNG VON DATEN

2. Berechnen Sie den Gewinn, den die Beteiligten jährlich erhalten werden, und vervollständigen Sie anschließend die folgende Tabelle.

Beteiligte	Verteilungsverhältnis	Gewinnanteil in €

3. Stellen Sie Ihre Ergebnisse zur Kapitaleinlage und zur Gewinnverwendung in den folgenden zwei Kreisdiagrammen dar.

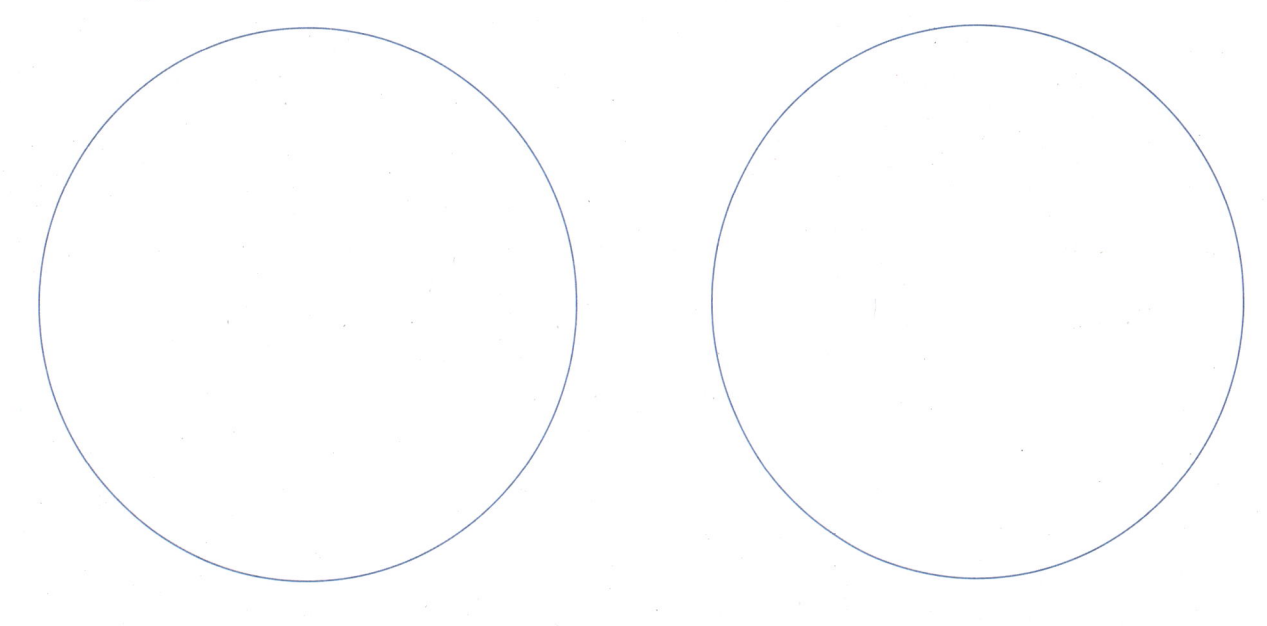

Vertiefungs- und Anwendungsaufgaben

1. Vervollständigen Sie die folgende Übersicht.

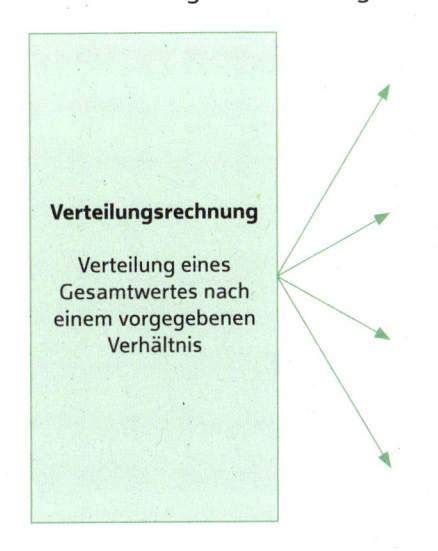

Verteilungsrechnung

Verteilung eines Gesamtwertes nach einem vorgegebenen Verhältnis

2. Frau Lindau und Herr Behr gründen gemeinsam mit Frau Schott die MoChance GmbH, mit der sie ihr entwickeltes Produkt herstellen und vertreiben wollen. Sie einigen sich auf ein Startkapital in Höhe von 60.000,00 €. Davon bringt Frau Lindau ein Achtel, Herr Behr drei Achtel und Frau Schott den Rest ein. Ermitteln Sie die jeweilige Kapitaleinlage der drei Gründerinnen und Gründer.

3. In einem von Herrn Sauer, Frau Schmied und Herrn Orth betriebenen Unternehmen soll der Gewinn des vergangenen Geschäftsjahres in Höhe von 170.000,00 € nach ihrer jeweiligen Kapitaleinlage (Sauer 200.000 €, Schmied 120.000 €, Orth 80.000 €) aufgeteilt werden. Bestimmen Sie die Gewinnanteile der Gesellschafterin und Gesellschafter.

4. An der MeiLieJun OHG sind die Gesellschafterinnen und Gesellschafter Frau Meißner, Frau Liebknecht und Herr Junghans beteiligt. Die Kapitaleinlage von Herrn Junghans ist halb so groß wie die von Frau Liebknecht und genauso groß wie die von Frau Meißner. Letztere ist mit 1.500.000,00 € beteiligt. Im abgelaufenen Geschäftsjahr wurde ein Gewinn in Höhe von 840.000,00 € erzielt. Der Gesellschaftervertrag enthält keine Regelung zur Gewinnverteilung. Ermitteln Sie die Gewinnverteilung der MeiLieJun OHG.

5. Herr Althaus, Frau Ingbert, Frau Cercan und Herr Schwarz erzielen im fünften Geschäftsjahr mit der HunterJack GmbH einen Gewinn in Höhe von 86.000,00 €. Aufgrund eines besonders hohen Arbeitsaufwands beschließen die Gesellschafterinnen und Gesellschafter, Frau Cercan mit 8.000,00 € und Herrn Althaus mit 6.000,00 € vorab zu entschädigen. Der verbleibende Gewinn wird nach dem Verhältnis der Kapitaleinlagen (Althaus 120.000,00 €, Ingbert 30.000 €, Cercan 160.000,00 €, Schwarz 90.000,00 €) aufgeteilt. Ermitteln Sie die Gewinnverteilung der HunterJack GmbH.

6. Die Gebrüder Scholz KG erwirtschaftete im fünften Jahr nacheinander einen Gewinn. Im ersten Jahr betrug dieser 200.000,00 €, im zweiten Jahr 180.000,00 €, im dritten Jahr 210.000,00 €, im vierten Jahr 240.000,00 € und im fünften Jahr 250.000,00 €. Stellen Sie die Gewinnentwicklung der Gebrüder Scholz KG in einem Säulendiagramm dar.

6.3 Wir rechnen mit der Durchschnittsrechnung (Mittelwerte und Verhältniszahlen)

Handlungssituation

Zurzeit lernt Dominik Schlote die Fahrradproduktion der Hoffmann KG kennen. Da ihn insbesondere das der Abteilung zugeordnete Qualitätsmanagement interessiert, hat er sich bei der Ausbildungsleiterin Frau Schneider dafür eingesetzt, in der nächsten Zeit Frau Trewig in diesem Bereich zu helfen.

Frau Trewig: „Schön, dass Sie uns im Qualitätsmanagement unterstützen wollen. Derzeit haben wir viel zu tun, denn wir verzeichnen einige Probleme mit dem Kindermodell ‚Mickey'. Bei 24 produzierten Rädern in der vergangenen Woche hatten wir 168 lockere Schrauben. Außerdem haben wir bei einer routinemäßigen Untersuchung festgestellt, dass im Segment Rennräder häufig leichte Erhebungen auf dem Lack zu finden sind, weil die Farbe an einigen Stellen zu dick aufgetragen wird. In der letzten Woche haben wir 25 fehlerfreie Räder, 16 Räder mit einem Fehler, fünf Räder mit zwei Fehlern, drei Räder mit drei Fehlern und ein Rad mit fünf Fehlern produziert. Wir betreuen darüber hinaus die Einführung der neuen E-Bikes. Dafür mussten wir diese auf ihre tatsächliche Reichweite überprüfen. Die von der Entwicklungsabteilung vorgesehene Reichweite beträgt 60 Kilometer. Bei unseren Tests wurden die folgenden Werte gemessen: 48 km, 50 km, 56 km, 58 km, 58 km, 58 km, 59 km, 61 km."

Handlungsaufgaben

1. Berechnen Sie, wie viele lockere Schrauben pro produziertes Fahrrad des Kindermodells „Mickey" im Durchschnitt erfasst wurden.
2. Ermitteln Sie rechnerisch den gewogenen Durchschnitt an Fehlern je Rennrad.
3. Bestimmen Sie rechnerisch das arithmetische Mittel, den Median und den Modalwert der E-Bike-Reichweite.
4. Berechnen Sie das Verhältnis der tatsächlichen Durchschnittsreichweite zu der durch die Entwicklungsabteilung vorgesehene Reichweite.

Vertiefungs- und Anwendungsaufgaben

1. Vervollständigen Sie die folgende Übersicht.

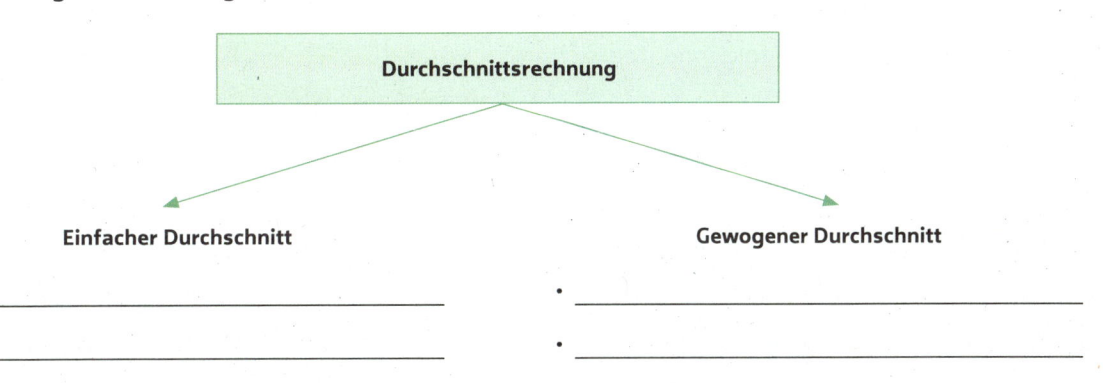

```
                    Durchschnittsrechnung
                    /                    \
        Einfacher Durchschnitt      Gewogener Durchschnitt
        • _____    • _____
        • _____    • _____
```

2. In der Produktion eines Unternehmens werden Vorhängeschlösser hergestellt. Je nach Modell fallen unterschiedliche Kosten für das Unternehmen an (Modell A: 60 ct./St., Modell B: 55 ct./St., Modell C: 40 ct/St.). Pro Tag werden von Modell A 24 000 Stück produziert, von Modell B 10 000 Stück und von Modell C 17 500 Stück. Berechnen Sie den gewogenen Durchschnitt der Kosten pro Stück.
3. Im Vertrieb der Klevig AG wird für statistische Zwecke erfasst, wie viele Anrufe jeder Mitarbeiter und jede Mitarbeiterin pro Woche durchführt. Herr Simon hat in der vergangenen Woche 38 Anrufe geschafft, Frau Fromm 17, Herr Teck 13, Frau Samda 26 und Herr Klust 31. Bestimmen Sie das arithmetische Mittel und den Median.
4. Dem Controlling der Sanfer OHG liegen die Umsatzzahlen der letzten sechs Jahre vor (Jahr 1: 384.000,00 €, Jahr 2: 335.000,00 €, Jahr 3: 360.000,00 €, Jahr 4: 400.000,00 €, Jahr 5: 445.000,00 €, Jahr 6: 500.000,00 €). Ermitteln Sie das arithmetische Mittel, den Median und den Modalwert.
5. In den Neustädter Vereinen sind von 140 Vorständen nur 21 Frauen. Berechnen Sie den Anteil der weiblichen und der männlichen Vorstände.
6. Der gesamte Gewinn aller Neustädter Unternehmen betrug im Vorjahr 54,8 Mio. €, im aktuellen Geschäftsjahr 56 Mio. € und wird für die kommende Periode auf 64 Mio. € geschätzt. Ermitteln Sie die Indexzahlen in Hinblick auf die Gewinnentwicklung ausgehend vom aktuellen Geschäftsjahr für das Vorjahr und das Folgejahr.

6.4 Wir wenden die Prozentrechnung an

Handlungssituation

Carolin Saager beginnt gerade ihren zweiwöchigen Einsatz in der Einkaufsabteilung der Hoffmann KG. Gemeinsam mit Herrn Klomm hat sie bereits drei Angebote für Damensattel eingeholt. Zwar haben sie einen ähnlichen Verkaufspreis, jedoch unterscheiden sich die Angebote in den jeweiligen Bedingungen (Ruth GmbH: 17,50 €/St. mit 10 % Rabatt, Kaminski OHG: 16,00 €/St. mit 4 % Rabatt, BikeTool AG: 14,00 €/St. zuzüglich mit 15 % Importkosten). Die Sättel sollen sowohl in der eigenen Produktion eingesetzt werden als auch in den Filialen zum Verkauf angeboten werden. Der Verkaufspreis beträgt dort 25,00 €/Stück.

Handlungsaufgaben

1. Vergleichen Sie die Angebote der Ruth GmbH, der Kaminski OHG und der BikeTool AG miteinander. Berechnen Sie hierzu die entsprechenden Einkaufspreise für den Damensattel.
2. Bestimmen Sie für den günstigsten Sattel rechnerisch den Anteil vom Einkaufspreis am geplanten Verkaufspreis.

Vertiefungs- und Anwendungsaufgaben

1. Vervollständigen Sie die folgende Übersicht.

Prozentrechnung

- _____
- _____

2. Die Personalabteilung der Dietrich GmbH führt jährlich eine Analyse der Mitarbeiterzufriedenheit durch. Von 500 Mitarbeitenden zeigen sich 325 als überwiegend zufrieden. Die Abteilungsleitung gibt jedoch für das kommende Jahr als Ziel vor, die Anzahl der überwiegend zufriedenen Beschäftigten um 12 % zu erhöhen. Berechnen Sie den Anteil der aktuell überwiegend zufriedenen Mitarbeitenden sowie die für das Folgejahr angestrebte Personenzahl.

3. Bei der Marktforschung stellt die Marketingabteilung der Gossa KG fest, dass die Verkaufspreise für einige Getränke des Sortiments angepasst werden sollen, um den Umsatz zu erhöhen. Die Preise der Zitronenlimonade sollen von 1,50 € um 8 %, der Orangenlimonade von 1,80 € um 20 % und der Apfelschorle von 1,00 € um 12 % herabgesetzt werden. Die Preise des kohlensäurehaltigen Mineralwassers sollen von 0,30 € um 110 % und die des stillen Wassers von 0,25 € um 92 % erhöht werden. Bestimmen Sie die neuen Verkaufspreise der Getränke.

4. Die Feinkost Kranich OHG bietet in einem kleinen Café unter anderem Kuchen zum Verkauf an. Der Bestseller ist die Marzipantorte für 4,00 € brutto. Ab dem kommenden Monat hat der Staat eine Senkung der Umsatzsteuer von 19 % auf 7 % angekündigt, um Unternehmen nach der Wirtschaftskrise zu helfen. Berechnen Sie zunächst den alten Nettoerlös und anschließend den neuen Nettoerlös, wenn der Bruttoverkaufspreis erhalten bleibt. Ermitteln Sie darüber hinaus den prozentualen finanziellen Vorteil, den das Unternehmen durch den staatlichen Eingriff beim Verkauf eines Tortenstücks erhält.

5. Das Kerngeschäft der SatTECH GmbH ist der Verkauf von Fernsehgeräten. Dabei bietet das Unternehmen den Kundinnen und Kunden an, die Produkte mit Ratenzahlung zu erwerben. Herr Öger entscheidet sich für dieses Angebot und kauft sein neues Gerät zum Verkaufspreis in Höhe von 1.400,00 € in zwölf monatlichen Raten zu je 9,5 % vom Verkaufspreis. Bestimmen Sie die Höhe der monatlichen Rate und ermitteln Sie die prozentualen Mehrkosten für Herrn Öger durch den Ratenkauf.

6.5 Wir berechnen Zinsen

Handlungssituation

Während des Abteilungsdurchlaufs ist Dominik Schlote derzeit in der Finanzabteilung eingesetzt. Aus seiner Zeit in der Produktion weiß er, dass der Kauf einer neuen Maschine zur Herstellung von E-Bikes geplant ist. Gemeinsam mit Herrn Franke vergleicht er Kreditangebote, die der Hoffmann KG zur Finanzierung der neuen Maschine vorliegen. Die Kessig AG bietet der Hoffmann KG die Möglichkeit, den Kaufpreis von 180.000,00 € als Kredit für ein Jahr zu leihen. Dafür verlangt sie jedoch für das gesamte Jahr 5 % Zinsen. Die hillybank AG würde dem Unternehmen den Kaufpreis ebenfalls zur Verfügung stellen, jedoch nur für ein halbes Jahr zu 4 % Zinsen p.a. Auch die SparBank GmbH würde die Hoffmann KG bei der Finanzierung des Kaufpreises unterstützen. Sie würde das Geld zu einem jährlichen Zins von 6 % für eineinhalb Jahre bereitstellen.

Handlungsaufgaben

1. Berechnen Sie die Zinsen, die die Hoffmann KG jeweils für die Inanspruchnahme der Kredite bezahlen muss.
2. Vergleichen Sie die Kreditangebote miteinander und wählen Sie begründet ein Angebot aus.

Vertiefungs- und Anwendungsaufgaben

1. Vervollständigen Sie die folgende Übersicht.

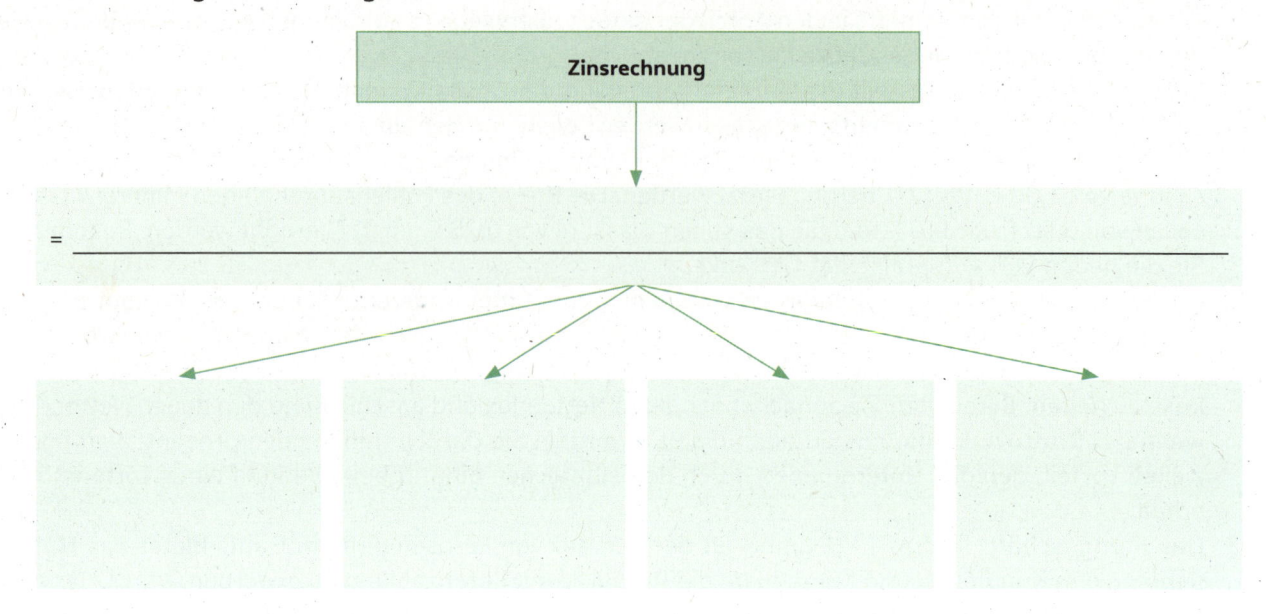

```
                    Zinsrechnung
                         |
    = _____
                         |
      ↙        ↙         ↓         ↘        ↘
    [   ]    [   ]     [   ]     [   ]    [   ]
```

2. Die Seltig OHG war mit ihrer ehemaligen Bank unzufrieden und hat daher ihr Geld bei zwei anderen Banken zu unterschiedlichen Konditionen angelegt. Auf ihrem Konto bei der HeldenBank hat sie vor vier Monaten 340.000,00 € zu 3,5 % p.a. angelegt, bei der JakobBrothersBank vor 75 Tagen 160.000,00 € zu 2,75 % p.a. Berechnen Sie die Zinsbeträge, die der Seltig OHG zum jetzigen Zeitpunkt bei den beiden Banken zustehen.

3. Herr Kasten, der Leiter der Finanzabteilung, findet einen Kontoauszug vom 23.10., aus dem die Zinsen in Höhe von 325,00 € hervorgehen, die das Unternehmen seit dem 15.09. mit dem Geld bei der Italia-Bank erwirtschaftet hat. Ermitteln Sie die Höhe des angelegten Kapitals bei einem Zinssatz von 3 % pro Jahr.

4. Bestimmen Sie den Zinssatz, zu dem die Sutter AG einen Kredit in Höhe von 4.000.000,00 € erhält, wenn sie für drei Monate einen Zinsbetrag in Höhe von 20.000,00 € bezahlen muss.

5. Die Tellwin GmbH hat in diesem Monat einen Kredit durch die HannoBank über 500.000,00 € erhalten. Durch den Zinssatz von 4 % p.a. sind bereits 1.000,00 € an Zinsen angefallen. Berechnen Sie die Anzahl der bisherigen Zinstage.

6.6 Wir kalkulieren Preise

Handlungssituation

Kurz vor dem Ende des Praktikums hat Carolin Saager den Wunsch geäußert, durch einen Einsatz in der Verkaufsabteilung Einblicke in die Preiskalkulation der Hoffmann KG zu erlangen. Zusammen mit Frau Siebrecht soll sie darüber entscheiden, zu welchem Verkaufspreis die neu im Portfolio integrierten Fitnessshirts „Sweat&Burn" im Katalog angeboten werden sollten.

Frau Siebrecht: „Auf Grundlage des uns vorliegenden Angebots können wir die Fitnessshirts von der OutfitHit GmbH zu einem Listeneinkaufspreis von 20,00 € je Stück erwerben. Wegen der abgenommenen Menge gewähren sie uns einen Rabatt von 15 % und Skonto von 2 %. Hinzu kommen allerdings Bezugskosten in Höhe von 134,00 € für die bestellte Menge von 100 Shirts. Der von der Verkaufsabteilung angesetzte Zuschlagssatz für die Handlungskosten beträgt 20 %. Im Verkauf werden wir Rabatt von 8 % und Skonto von 2 % gewähren. Nicht vergessen dürfen wir den Gewinn, der mit 25 % angesetzt werden sollte."

6.6 WIR KALKULIEREN PREISE

Carolin: „Ich werde mich sofort mit der Preiskalkulation beschäftigen. Danke, dass Sie mich dabei unterstützen. Gibt es sonst noch etwas zu beachten?"

Frau Siebrecht: „Durch eine Recherche habe ich herausgefunden, dass unser größter Konkurrent ein ähnliches Produkt für 25,00 € anbietet. Wir sollten also im Anschluss herausfinden, wie hoch unsere Gewinnmarge und damit auch unser Gewinnzuschlag höchstens sein darf, um mit dem Wettbewerber preislich mitzuhalten."

Handlungsaufgaben

1. Ermitteln Sie rechnerisch den Listenverkaufspreis je Fitnessshirt „Sweat&Burn".

   Listeneinkaufspreis je Stück

   = Listenverkaufspreis je Stück

2. Berechnen Sie den verbleibenden Gewinn, wenn zum Listenverkaufspreis des Wettbewerbers verkauft wird und die anderen Vorgaben weiterhin eingehalten werden.

   Listenverkaufspreis je Stück

3. Bestimmen Sie rechnerisch den prozentualen Gewinn, wenn auf dem Preisniveau der Konkurrenz verkauft wird.

Vertiefungs- und Anwendungsaufgaben

1. Vervollständigen Sie die folgende Übersicht.

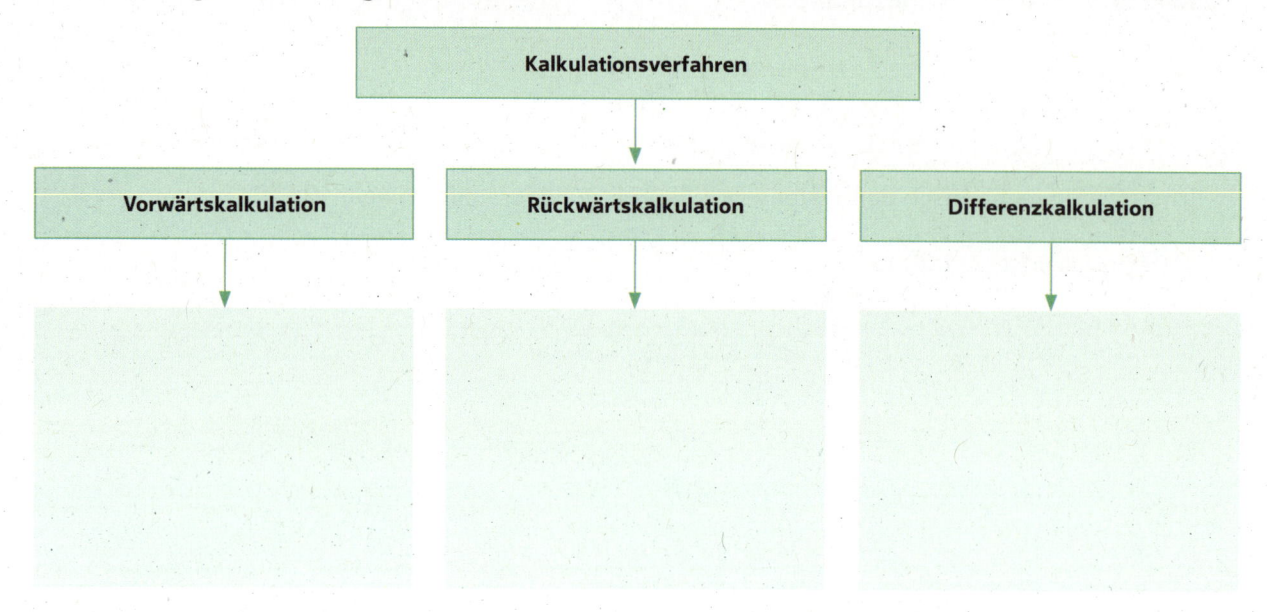

```
                    Kalkulationsverfahren
                            |
       ┌────────────────────┼────────────────────┐
Vorwärtskalkulation   Rückwärtskalkulation   Differenzkalkulation
```

2. Die Büromöbel Maier OHG möchte zwei neue Designer-Schreibtische in ihr Produktportfolio aufnehmen. Ermitteln Sie mithilfe der folgenden Angaben die Listenverkaufspreise der Schreibtische.

	Modell „Astia"	Modell „Zitan"
Listeneinkaufspreis	400,00 €	500,00 €
Liefererrabatt	10 %	20 %
Liefererskonto	2 %	3 %
Bezugskosten	27,20 €	12,00 €
Handlungskosten	12 %	10 %
Gewinn	30 %	
Kundenskonto	–	1 %
Kundenrabatt	12 %	5 %

3. Aus der Marktforschung der Schmidt Getränke KG ergibt sich, dass der Listenverkaufspreis der neuen Whiskeysorte 75,00 € betragen sollte, um eine möglichst hohe Menge abzusetzen. Bestimmen Sie den Listeneinkaufspreis, wenn 8 % Kundenrabatt und 2 % Kundenskonto gewährt werden, 5 % Handlungskosten anfallen, die Bezugskosten 6,53 € betragen sowie mit 12 % Liefererrabatt und 3 % Liefererskonto zu rechnen ist. Beachten Sie, dass ein Gewinn von 15 % erzielt werden soll.
4. Der TradingCar GmbH liegt ein Angebot eines Autoherstellers für das Modell „Traffic Star" vor: Listeneinkaufspreis: 64.000,00 €, Liefererrabatt 12 %, Bezugskosten 680,00 €. Die Handlungskosten würden 1 % des Bezugspreises betragen. Ermitteln Sie sowohl den absoluten als auch den prozentualen Gewinn für die folgenden Konditionen: Listenverkaufspreis 80.000,00 €, Kundenrabatt 10 %, Kundenskonto 2 %.
5. Berechnen Sie die Handelsspanne der TradingCar GmbH für die vorherige Aufgabe.